松村邦洋「鎌倉殿の13人」を語る

プレジデント社

はじめに

ボクは自分が大の歴史好きだってことを、あちこちでずっと言い続けてまして、YouTubeの『松村邦洋のタメにならないチャンネル』でもずーっと日本の歴史の話を取り上げ続けてます。

特に歴年のNHK大河ドラマは、とにかく大好きでしてね。初めて見たのが小学校3年の時、1976年の『風と雲と虹と』でした。加藤剛さんが主演で平将門をやってまして、少ない兵力で平貞盛をはじめとする大勢力と戦うのがすごくカッコよくて、それ以来、今まで放映されてきた分はほぼすべてを見ています。ボクの歴史好きの原点なんですよね、大河って。

『風と雲と虹と』の翌77年が『花神』で、中村梅之助さんが村田蔵六、後の大村益次郎をやってましてね。さらに松本白鸚さん、当時の市川染五郎さんが堺の豪商、呂宋助左衛門をやった78年の『黄金の日日』と、どんどんハマっていきましてね。

一番どっぷり深入りしたのは79年、ボクが小学校6年の時の『草燃える』でした。ちょうど日本史を勉強し始めた頃ですけど、平家が全盛の頃から源平合戦を経て、鎌倉幕府が成立して、将軍三代を経て北条氏が権力を握って、承久の乱で武士が初めて武力で朝廷を倒すまで、総集編のＤＶＤをもう、何百回も見てましてね、ええ。

見どころは、源平の戦いもそうなんですけど、何といっても初代将軍・源頼朝が死んでから始まる、御家人どうしの血みどろのサバイバルでしてね。これ、マジでヤバいです。ドラマ中盤から後半にかけて、カッコよく活躍してきた御家人たちが毎週のように、まるでトーナメント戦みたいに死んでいくんですよ。日本の歴史の中でボクが一番好きなのは鎌倉時代ですけど、その原点はまさにこれ、『草燃える』のドロドロのストーリーなんですよね。

大河で扱う時代って、戦国時代や信長・秀吉・家康、幕末が多くて、ズバリ鎌倉時代を取り上げたのって、数えるほどなんですよね。だから、２０２２年の『鎌倉殿の13人』はほんとに久しぶりの鎌倉モノでしてね。

そこで、鎌倉時代は学校で習った知識を覚えてる自信がないっていう方々にもですね、この『鎌倉殿の13人』をご覧になってぜひ、この時代の面白さ、エグさを堪能していただきたくてですね、一冊書かせていただきました。原作・脚本の三谷幸喜さんとは親しくしていただいてますけど、三谷さんに頼まれたわけじゃ全然ないですよ(笑)。

まずは『草燃える』のストーリーの背骨となる部分を引っこ抜いてお話ししてですね、さらに、正直名前も知られていないけど実は面白かったりすごかったりする幕府の御家人や文官たち一人ひとりの人柄やエピソードを、これでもかって感じで詰め込みました。特に扱う時代が『草燃える』とほぼカブるので、あのエピソードは今度はどう描かれるのかとか、あの登場人物は、今度はどんな人柄で演じられるのかな、とか、ボク自身すごく楽しみにしているんですよね。

これを読んでいただければ、『鎌倉殿の13人』はグワグワッと何倍も面白くなりますよ。ぜひ、最後まで楽しんでください。

2021年12月

松村邦洋

松村邦洋「鎌倉殿の13人」を語る ◉ 目次

第1章 40年以上前の大河『草燃える』を今、見返してみた

比企、常盤、伊東……名前でつながる鎌倉と芸能界

第2章

なぜ、ボクは「鎌倉時代」が一番スキなのか

第3章

幕府を支えた頭脳派・武闘派（文官編・御家人編Ⅰ）

第4章
濡れ衣、謀殺、暗殺……普通に死ねなかった御家人たち（御家人編Ⅱ）

第5章

最後に勝ち残ったのは誰か（御家人編Ⅲ）

北条義時——頼朝から英才教育を受け、頂点に立った二代目執権

※本書は大河ドラマ放送前に制作したものです。ドラマの内容を想像し、勝手にガイドしていることをご了承ください。

『鎌倉殿の13人』人物相関図

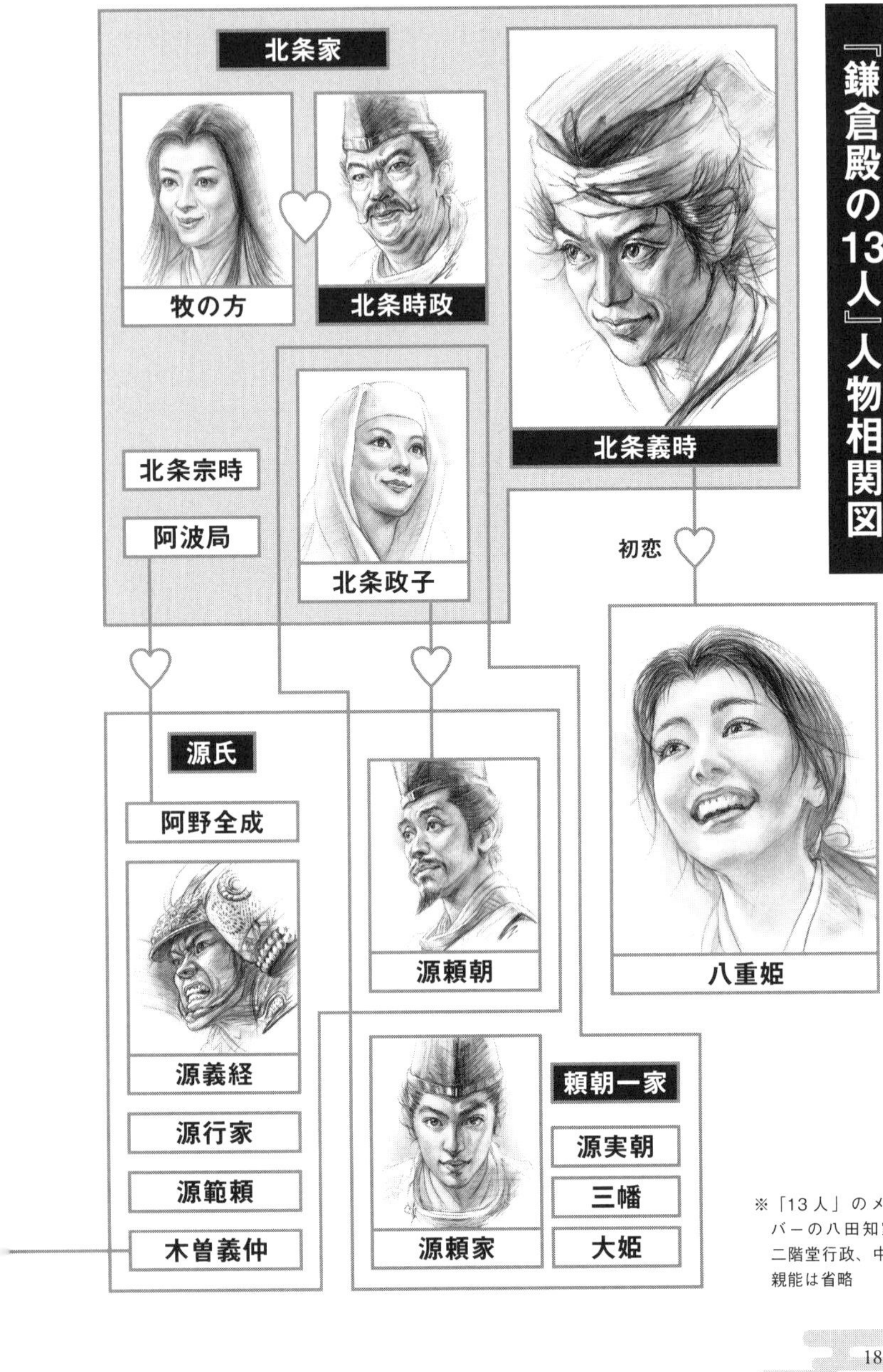

※「13人」のメンバーの八田知家、二階堂行政、中原親能は省略

（「13人」のメンバー）

人物名

平家

平清盛

平宗盛

朝廷

後白河法皇

御家人・文官

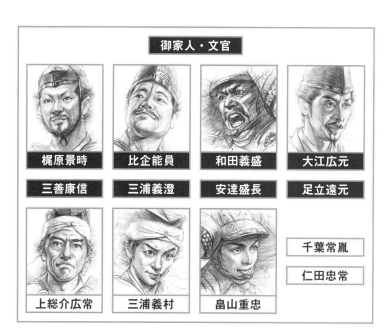

梶原景時

比企能員

和田義盛

大江広元

三善康信

三浦義澄

安達盛長

足立遠元

上総介広常

三浦義村

畠山重忠

千葉常胤

仁田忠常

巴御前

第1章

40年以上前の大河『草燃える』を今、見返してみた

源氏と北条一族、御家人たちのドロドロの闘争劇

平家を滅ぼして、めでたしと思いきや……

僕がどっぷりハマった大河ドラマ『草燃える』（1979年）は、何の予習もしないで見たんですけど、主人公は岩下志麻さんの北条政子。『極道の妻たち』が大ヒットするずっと前に、すでに〝尼将軍〟をやってたんですよ。で、その夫で鎌倉幕府の初代将軍の源頼朝が石坂浩二さん。政子の弟で、後に鎌倉幕府の執権になって権力を握る北条義時が松平健さんでしてね。

ストーリーは、京都で大火事が発生したり、反平家の面々による鹿ケ谷の陰謀が発覚するなど平家全盛の時期もそろそろ末期に入ったかなってところから始まりましてね、伊豆周辺の豪族たちが、「平家がのさばる世に、もう我慢できねーよ」っていうんで、蛭ケ小島に流されてきた源義朝の三男、頼朝と、現地の豪族で金田龍之介さん演

じる北条時政の長女、政子をあれこれ画策していっしょにさせると、「やりますか、イチかバチかで」って事で、頼朝を真ん中に据えた御家人たちが平家追討に命をかけることになるんですね。

挙兵した最初はまだ300騎程度の軍勢で、平家の手伝い戦で出てきた相模国の大庭景親と戦うわけです。1180年8月の石橋山の合戦ですね。そこで頼朝軍は惨敗するんですけど、船で今の千葉県の房総半島南端である安房に逃れてから、この頼朝グループは巻き返しを図るわけですよ。

東京湾を中心に、房総半島を北上して、さらに武蔵国、相模国と4カ月かけてぐるっと左回りにたどってから鎌倉入りする間に、小松方正さんの上総介広常や小笠原弘さんの千葉常胤といった御家人たちを味方につけて、軍勢を3万人超にまで膨らませていくんですね。

そして本格的に始まる治承《じしょう》・寿永《じゅえい》の乱、つまり源平合戦ですね。国広富之さんの源義経もそこに加わってきて、一ノ谷、屋島、そして壇ノ浦で平家を滅ぼしていきます。そして義経との確執と奥州藤原氏との戦いを経て、頼朝は征夷大将軍に。鎌倉時代が始まります。

そこでめでたく平和な世が来るかといえば、これがそうはならないんですよ。

頼朝が突然死んでから、早くも始まるのが権力争い。二代目将軍・頼家の、比企一族をバックにカン違いした振る舞いに、実の母親の政子は北条家との板挟みになって苦しむんですけど、そんな政子の心のうちとは関係なく、頼家は御家人たちに権限を取り上げられて、しまいには伊豆の修禅寺に幽閉されて殺されるんですよね。

それと同時に進んでいくのが、いっしょになって平家と戦ってきた御家人たちの仲間割れと生き残りのトーナメントでしてね。梶原景時、比企能員《よしかず》、畠山重忠、和田義盛……という荒武者たちが、暗殺や謀略で毎週のように失脚したり殺されたり。しかも頼朝の後を継いだ頼家、実朝も若くしてその謀略戦の犠牲になっていくんですよ。そんな修羅場の中で、頼朝未亡人の政子を表看板に持つ北条時政、そして政子の弟、義時がしたたかに生き残っていきます。

おとなしいお姉ちゃんっ子が、冷酷な権力者に

北条義時役だった松平健さんは、こないだまでライザップで頑張っておられました

けど、『鎌倉殿』の清盛役に備えておられるんでしょうかね。松平さんが演じた義時は、若い頃はおとなしくて純粋で。逆に、その親友の伊東祐之《すけゆき》っていう人がいましてね。滝田栄さんが演じた架空の人物で、政子をめぐる頼朝の恋の対抗馬なんですが、これが義時とは正反対のメッチャ強くて荒々しい坂東武者なんです。伊豆の伊東、長嶋巨人軍が地獄のキャンプを張った伊東ですよ、そこを根城にしてる豪族の血筋でしてね。2人は仲がよくて、祐之に〝お姉ちゃん大好き〟なところをからかわれて、義時がムキになって怒ったりしてたんですけど、この伊東祐之を影の主役にしていたのがすごくよかったんですよね。

で、ストーリーが進むにつれて、義時と祐之の人柄がだんだんと真逆に入れ替わっていくんですよ。真面目でおとなしかった義時は、仲間だった御家人たちをどんどん蹴落として、父親の時政まで幕府の中枢から叩き出していくうちに、人間らしさをどんどん失っていくんですよね。姉の政子の子・頼家とその息子の一幡も殺して、三代将軍の実朝も暗殺されるのを知っていながら見殺しにして、幕府の最高権力者・執権にのし上がっていくんですよ。いやーもう、怖い怖い。

逆に伊東祐之は、「政子はオレの嫁」と思い込んでいたのに、ダマされて利用され、政子が頼朝とくっつくのを手伝わされて、さらに落ちぶれてからは、盗賊の仲間にもなりながら、頼朝と義時を目のカタキにしてつけ狙うんですよ。ところがですね、もう絵に描いたような冷酷非情の権力者になってしまった義時につかまって、見せしめのために両目をツブされてしまうんですよね（泣）。

最後のクライマックス、承久の乱！

最後のクライマックスは、幕府軍が後鳥羽上皇の率いる朝廷軍と戦う承久の乱ですね。それまでの身分や階級で考えたら、天皇家や貴族のＳＰに過ぎない武士が、朝廷になんか逆らえるわけがないんですよ。なのに、御家人たちを前にした有名な政子の大演説の後に、義時は堂々と「これは謀反ではない。上皇こそ謀反を起こしあそばされた！」と宣言して、一気に西へ攻め上がり、朝廷軍を返り討ちにしちゃいます。

最終回では、承久の乱が終わってから、琵琶法師になった祐之がめぐりめぐって義時の屋敷の庭で「祇園精舎の～鐘の声～」と『平家物語』を弾き語るんですよ。夕暮れ時に、名前も名乗らずに。義時に「お前、伊東祐之ではないか？」と聞かれても、「いいえ、名もなき琵琶法師です」「……そうか」って言って。祐之の弾き語りとは知らぬ政子は、遠くからそれを聴きながら、「鎌倉は守ったのに、私の大切な人はみんな先に逝ってしまった」と涙を流す。そのまま夜が更けていって「完」。この余韻がすごく深かったですねえ。

『草燃える』と『時宗』『太平記』で予習しときますかね

政子&義時コンビは、弟が仕切った吉本の創業家と同じ

『鎌倉殿の13人』はですね、この『草燃える』を見ておくと、だいたいの流れはわかります。今度は主人公が義時でしょ？　小栗旬さんが主演で。『草燃える』は、岩下志麻さんの政子と、松平健さんの義時のドラマだったんですよ。政子と義時って、吉本興業の創業家でいえば、創業者の吉本せいさんと、その弟の林正之助さんのコンビとおんなじ。吉本100周年の記念公演『吉本百年物語』だと、弟が仕切るんですよね。朝ドラの『わろてんか』（2017年10月〜）でやってましたけど。

ただ、義時を詳しく知ってる人って、あんまり多くないんですよね。学校の歴史で習うのはその息子の泰時。そうそう、御成敗式目（貞永式目）という、初めて武士が守らなきゃいけない51の法律を作った人ですよ。お父さんが義時、そのまたお父さんが時政、時政の長女で、義時のお姉さんが政子ですよ。この辺をね、よーく覚えとくといいと思いますよ。

鎌倉時代を、まとめてちゃんと勉強したい！　という人なら見たほうがいい大河ドラマが、『草燃える』のほかにあと2つありますね。一つは2001年の『時宗』です。ドタキャンとダブルブッキング事件の前の和泉元彌さんが執権・北条時宗役で、文永の役・弘安の役、つまり蒙古襲来で幕府がどう戦ったかがよくわかりますよ。

もう一つ、幕府がどう滅んでいったかは、真田広之さんが主演で足利尊氏をやった1991年の『太平記』ですよね。これを見れば、鎌倉幕府がどうやって滅びて、南北朝から室町時代につながっていったかっていうのもわかりますんで。要は『草燃える』『時宗』『太平記』ですね。この3つを見ておくと、鎌倉時代はもう、100点満点でわかると思います。総集編のDVDとか、最近じゃNHKオンデマンドとかで昔のが見られますんでね。お勧めですよ。長いですけどね。

承久の乱後800年は「2021年」。なんで1年ズレた？

それにしても、何だろう、『鎌倉殿の13人』って、なんで2022年に鎌倉時代なんだろう？　って思いませんでした？　『青天を衝け』の渋沢栄一、これはやる理由がけっこうしっかりしてますよね。とにかく低迷する日本経済をよくしましょう、という。でも、『鎌倉殿』ってなぜ？　と思ったら、これ、誰も言ってないけど1221年の承久の乱から800年目なんですよ。だからNHKがOK出したんだと思います。

本当は2021年ピッタリにやるつもりだったんだと思いますよ。なんで1年後にズレたんでしょうね。たとえば、3・11で福島が被災したから、2013年に会津藩の『八重の桜』がイレギュラーで入った、とかね。やっぱり福島の人たちに元気出してもらいたいしね。あるいは、承久の乱が朝廷に弓を引いて勝っちゃった戦だから、800年ピッタリっていうのはちょっと遠慮した、とか。

大河って、そういうパターンがけっこうあるんですよね。2015年の『花燃ゆ』と、その年に萩が世界遺産になったこととは関係ないわけじゃないでしょうね、やっぱりね。

1987年の『独眼竜政宗』なんて、82年に大宮―盛岡間、85年には上野始発で開業した東北新幹線に合わせたんじゃないですか？　当時、伊達政宗は信長・秀吉・家康ほどメジャーじゃない。「お前、そんな地方の大名やって数字取れるのかよ」「いや、新幹線が通るから、仙台にお客さんを呼びましょうよ」「渡辺謙っていう若手を使いましょうよ」。

「ええ〜っ？　誰だよ聞いたことないぞ」「劇団『円』てとこの。いや、けっこういいから」っていう具合に。新人のキャスティングはうまいですからね、大河は。

で、信長・秀吉・家康が主役とか主役級で出てきた数々の大河ドラマを差し置いて、『独眼竜政宗』が全話の平均視聴率で歴代最高だって聞いた時は、伊達政宗は天下を取ったんだと思いましたよ。大河ドラマ限定ですけどね。信長・秀吉・家康よりちょっと遅れて生まれてきたために、天下統一を果たせなかったともいわれている政宗も、視聴率での天下獲りをあの世で喜んでると思いますよ。

『鎌倉殿の13人』はこんな展開じゃないですか？

5月くらいに壇ノ浦ですかね

『鎌倉殿』って、1月はどのあたりからストーリーが始まるんでしょうかねえ。蛭ケ小島の流人＝頼朝あたりからですかね。清盛や義朝みたいな一つ上の代の保元の乱をうっすらやって、平治の乱もやって、松平健さんの清盛率いる平家がこう、力を増していって、みたいな。そこで苦しんでる伊豆の小さな豪族を、ちょっと描いておかないとね。そこから頼朝が挙兵して治承・寿永の乱、つまり源平の戦いは当然カバーして、5月くらいの壇ノ浦までは、平家は出てくるんじゃないですか？

で、5月から頼朝の体制ができて、6月くらいまでが将軍・頼朝の時代ですかね。頼朝はちょっと頼りなさそうだけど大泉洋さん。小栗旬さんの義時も、頼朝のサポートで最初からどんどん前に出てくるんじゃないですか。だから、やりたい放題の菅田将暉・義経に腹を立てる頼朝を、義時がなだめるかどうかはわかりませんよね。フォローしようとしたが遅かった、くらいかもしれないけど。

頼朝ってね、たぶん戦が嫌いなんですよ。政治のスペシャリストだけど。平治の乱の時はまだ満13歳くらい、今なら中1か中2ですよ。なのに、敵なんかコワいおっさんばっかりでしょ。「何？　お前、頼朝？　てめー、源氏の小セガレが、さっさと馬下りろ、早く！」って怒鳴られたりしてね。負けて平家に捕らえられてからは、いつ首をハネられるかわからなかったし、池禅尼の助命嘆願で運よく生き延びましたけど、何度も「殺される、殺される」って思ってたはずです。成人してからも、戦の前夜なんかに怖い夢をよく見たんじゃないでしょうかねえ、ええ。

頼朝の戦は0勝1敗1引き分け

30を過ぎてから挙兵しても、石橋山で平家軍の下請けに惨敗して洞窟に隠れてて、当時は敵方だった梶原景時にわざと見逃してもらって、ようやく生き延びたわけだし。その後に安房、千葉県ですね、に船で逃れた時なんか、「みんなで行こう」「いやバラバラじゃないと危ないですよ」「いやいや、いっしょに行こうよ」っていうビクビクの会話があったようですね。

そこで味方を大幅に増やしてから赴いた富士川の合戦だって、頼朝はあそこで敵の本隊と向き合って、すごい数の赤い旗を目の前にして、なんかもう、目まいがしたか、馬から落ちそうになったんじゃないですかね。「ウッ……オレ、本当に平家に矢を向けようとしてるんだな」「こないだもやられたんだよな」「どうしよう、ほんとに来ちゃったよ」って。

まあ、肝心の平家軍は、鳥の羽音を夜襲とカン違いして勝手に逃げちゃったけど、これは運のいい不戦勝だから、頼朝の戦は0勝1敗1引き分け、平治の乱も含めたら2敗。これがピッチャーなら、もうダメ。1勝もしてないんじゃや、とても使えないですよね。結局、頼朝が直接戦場まで出てきたのは、一ノ谷の鵯越《ひよどりごえ》のあたりまでで、後は鎌倉に残って、戦の最前線は義経や範頼、御家人任せ。やっぱり死ぬのは怖かったと思いますよ。

峰竜太さんへの海老名家のお力添え

ボクは頼朝は、一生仏門で過ごしてもよかったと思ってたくらいの人だと思うんですよ。負けたほうとはいっても都から来た超名門の出で、雅な風情の若い男がいれば、そりゃ政子じゃなくたって女性はみんなときめいたと思うんですよ。頼朝も単に女性なら誰でもいいんだったら不自由する事はなかったでしょうけど、あまりに不安定な身分だったから、心細いし後ろ盾も欲しい。恋愛も大事だけど、そのご令嬢の親の会社の社員たちが自分の部下になってくれるとありがたいな、と。とにかく後ろから自分を支えてくれる人たちが欲しかったんでしょうね。

峰竜太さんっていう〝頼朝〟が、海老名美どりさんっていう〝政子〟と一緒になってからは、「お父さんのほうからなんかお仕事頂いてるみたいですよ」とか、「石原プロにも入れるみたいよ」「いいんですかね、オレ」とか、三平師匠をはじめとした海老名家のお力添えが、やっぱりあると思うんですよ。

頼朝は北条のお力添えで生き延びてるわけだし、何もないところから比企一族の比企禅尼がご飯を食べさせてくれたり、梶原景時みたいな優秀なのが敵方から寝返って味方になってくれたり、伊豆の豪族とか関東の武者がけっこう集まってくれて、それで水を得た魚のようになったっていうところはあると思います。普通、家来っていえば「お前、言う事聞けよ、バカヤロウ」ですよ。昔のテレビ局のディレクターみたいなもんでしてね、ＡＤ引っぱたいて「バカヤロウ、カンペぐらい作っとけよ」とか、理不尽な事を言ったりしても、ＡＤはハイハイ言う事聞いてくれるもんですけど、タレントのほうは後から陰口叩かれるのがツラいんですよ。

だから頼朝は、まあ言う時は強く言ったでしょうけど、部下には褒美も分け隔てなく、どんどんあげてたでしょうね。「オレはあなたたちに命を救ってもらったから」とか言ってね。そこへ平家がのさばってきて、それにイラッとしてる周りの家来たちの間がこう、「おう、やらねえか」って空気になってきたから、ちょっと夢を見たんでしょうかね。「いっちょ、やってみるか」って。

足湯を貸してくれた人に「お前は風呂と名乗れ」

頼朝は義経のような戦上手ではなかったけど、幕府の基礎を作った政治のプロだったわけですよね。当たり前だけど、伊豆でぼーっと日向ぼっこしてるだけじゃ、政治のプロになんて絶対なれませんよね。ボクは、頼朝は仏門に入ったと言いながらも、流人ライフのさなかで政治とはいかなるものなのかをものすごく勉強したと思うんですね。鎌倉に腰を落ち着けてからは、京の事情に詳しい梶原景時のほか、京都の貴族から大江広元や三善康信をヘッドハントして、京都の情報を常に仕入れてね。新聞のない時代に、アンテナを高く立ててましたしね。

石橋山で敗れてから真鶴の辺りまで逃げて、船で安房に渡って巻き返しを図った時も、上総介広常や千葉常胤《つねたね》を引っ張り込んだこともそうですけど、身近なところで味方を増やすのにあれやこれやの努力をしたんですね。なんせ、いつ背後から刺されるかわかんない身分だから、真鶴の洞窟で身を隠した時には、見張り役には「御守」、木の枝で洞窟の入り口をカモフラージュした人に「青木」、食料を持ってきた人なら五つの味覚の「五味」とか名付けてね。今でもこの姓の人がけっこういるそうですよ。安房に渡っても、「新鮮な貝をくれたから生貝だ」「エイを獲ってきたから鰭《ひれ》崎と名乗れ」「船を漕いできたお前たちは艫《とも》居《い》、間《はざま》、渡だ」って感じで。

「オレが天下を取ったら、安房一国をやろう」と言ったら、「粟一石ならここでも取れるから、姓をくれ」とアワ違いの問答もあって（笑）。頼朝は「そうか、馬鹿なやつだ」と苦笑したのを、これまた聞き違えて「左右加（そうか）」「馬賀（ばか）」って2

つの姓が生まれた……ってあだ名ですよねこれ、有吉弘行の（笑）。そんなエピソードが、今の千葉県鋸南町の「鋸南町史」に出てるそうですよ。

そういえば、後に義経も頼朝の追っ手を逃れて東北に逃げる途中で、風呂というか足湯を貸してくれた人に「風呂と名乗れ」と言ったからって、岩手県では風呂さんっていう姓が残ってるそうですね。いや、ちょっとまた脱線しちゃいましたね。

頼朝のほんとの後継者は、義時なんですよ

平家を倒してからも、変わらずに抜かりなく気配り、目配りして、侍所やら問注所やらを設けて幕府の基礎をひと通り作ってから頼朝は死んだんですけど、もしかしたらできあがったからこそ殺されたかもしれませんよね。だって、鎌倉時代について一番多く引用される歴史書は『吾妻鏡』ですけど、幕府成立の一番の功労者のはずの頼朝の死が、『吾妻鏡』では「落馬して」ってだけで終わりですもん。そりゃ、何てったって北条氏が編集した歴史書ですからね。実際は毒を盛られた可能性もありますよね、北条に。

その次の頼家、実朝といずれも若いし、まだ修羅場も苦労も知らないしで、頼朝にはとてもじゃないけど及ばなかったわけでして、実朝以降は執権が将軍の代わりに政治を仕切っている状態ですよね。『青天を衝け』でいえば、将軍の徳川家定抜きでペリーと交渉した阿部正弘ですか。やっぱり、頼朝のほんとの後継者は、頼家や実朝じゃなくて義時なんですよ。

『鎌倉殿』は、たぶんその頼朝の死を7月か8月に持ってきて、頼家・実朝で源氏三代が終わって、北条時政が執権になって牧の方とこう、あれこれ画策して比企能員、梶原景時、畠山重忠と次々にツブされるまでを8月、9月にやっちゃうんじゃないでしょうかねえ。

『草燃える』は承久の乱で終わりましたけど、義時には長男の泰時とは別に、2番目の正室・伊賀の方との間に政村という子がいましてね、義時の死後に伊賀の方がその政村を執権にしようとするんですね。政子に阻止されて伊賀の方は流罪になって、結局は泰時が執権の座に就くという、これが伊賀の変ですけど、もしかしたらここまでやるかもしれませんね。

流刑の地・佐渡は〝ドサ回り〟の語源

承久の乱で負けた後鳥羽上皇は隠岐の島、土御門上皇は土佐、順徳上皇は佐渡へ流されたんですけど、ボクらの業界用語で、昔っから「ドサ回り」って言う時の「ドサ」って、「佐渡」をひっくり返した言葉なんですよ。一度地方に巡業に出ると、流刑地みたいにしばらくは中央には戻ってこれなかったからじゃないでしょうかね。それか、刑務所への慰問みたいなもんですかね。芸人たちに「囚人たちがいる場所に行ってくれ」って言うようになって。どっちにしろ、そのまま「サド回り」じゃ佐渡の人に失礼ですしね。

三谷さんは、たぶん泰時まで描きたいと思ってると思うんですよ。義時が死んで、1232年に御成敗式目ができるまでの最後の3話くらいは、泰時を主人公にしてもいいんじゃないですかね。今も教科書に太字で泰時の名前が出るのは、御成敗式目が武士による武士のための初めての法律だったから。じゃ、それを可能にしたのは何かっていうと、やっぱり武士が初めて朝廷に勝った承久の乱が大きいんじゃないですか。だから、回想シーンか何かで「3人の上皇を島流しにした画期的な出来事だった」みたいに挿入するとかもありですよね。

ボクも『鎌倉殿』は時政、義時、泰時の三代をやればいいなあって思っています。10月くらいで義時が死んで、11月、12月は号外版で『泰時』をやってもいいかもしれませんね（笑）。で、撮影が押しちゃったからって、2月までやるとか。足掛け3年で『坂の上の雲』（2009年11月〜11年12月）をやったみたいに。

『鎌倉殿』では、清盛ってどういう描かれ方をするんでしょうかねえ。ひょっとしたら、『青天を衝け』でいえば、最初は徳川慶喜をまず軸にしてたっぷりやって、その後に「一方、深谷の血洗島では……」ってやったみたいに、まず松平健さんの清盛を主役にして、「一方、伊豆の蛭ヶ小島では……」っていうふうに持っていくかもしれませんね。栄一の実家の商売の「藍の葉を取りました」とか「蚕様が取れました」とか、故郷の血洗島の出来事だけじゃ、ちょっとドラマの中の動きが少ないですからね、やっぱり。

伊豆はその血洗島みたいなもんですよ。全盛期の平家とは、頼朝が呑気な田舎の伊豆に流されてきて、そこで義時とかが政子や他の女の子も混じっていっしょに遊んでいたり、ワイワイ言いながら魚を釣ってたりしているところとか、そこで頼朝を遠くから見かけて、「あ、流人だアイツ」とか言って走って逃げたりとか、まずは平家が主でね。

ひょっとしたら、清盛を主役にして平治の乱くらいまでさかのぼってからダイジェストでやるかもしれませんね。で、源氏が敗れて頼朝が流されるところから、いよいよ時代が動き出して、諸国の源氏が動き出して、以仁王と源頼政が動いたけど惨殺されて、そこから全国の反平氏勢力に火が付いた。一方、伊豆では……みたいな。

でも、あんまり清盛ばっかりだと義時の影が薄くなりますから、そのバランスがちょっと難しいんじゃないですかね。だから清盛は3月くらいまで出るとして、4月に壇ノ浦。源平の戦いだけは、義経を大きくフィーチャーしたほうがいいですよね。一ノ谷、屋島、壇ノ浦ね。そうじゃないと盛り上がらないですよね。5月から6月にかけてその義経が滅ぼされ、8月に頼朝が死んで、9月からちょっと頼家が来て、10月くらいに実朝。その流れのままで11月に承久の乱という大仕事をして終わるんじゃないですかね。

いや、うーん、その後に義時が若い伊賀の方に手を出して、最後に苦しみながら死ぬところまでやってもいいかもしれないよなあ。義時が死んでから伊賀の方が出てきて、「その子どもが後の七代執権・北条政村である」とかナレーションが入ったりしてね。この伊賀の変を経て名執権・泰時にちょっとつなげるんじゃないですかね、三谷さんのことだから。御成敗式目はキーワードだと思うんですよ。

比企、常盤、伊東……名前でつながる鎌倉と芸能界

滝田栄さん「ああ、そう」（苦笑）

『草燃える』に出ておられた方々には、ボクが芸能界入りしてから何人かお目にかかれました。テレビ朝日『料理バンザイ！』で、伊東祐之役の滝田栄さんと初めてお目にかかった時に、「伊東祐之、見てたんですよ」って言ったら、「ああ、そう」って（苦笑）。スタッフに「なに待ちかな、これ？」ってその時は何かちょっとイライラされてましたけど、俳優さんだから、台本にないことは聞かないですしね。2度目か3度目には「あー、それは出てたね」って、祐之の話をたっぷりしていただきました。なんか嬉しかったですねえ。

それから、二代将軍の頼家を演じた郷ひろみさん。いやもう、若々しいんですよね。郷さん、大河はそれが2度目だったんですよ。初出演の時はもっと幼くて、『草燃える』の7年前の1972年、これも源平の争いを取り上げた『新・平家物語』で、平清盛の弟の経盛役。それが俳優デビューだったんだそうです。当時のスチール写真を見るとマジ美少年ですね。

二代将軍になった頼家は、流人の時代から頼朝の面倒を見ていた比企一族の後ろ盾をいいことに、勝手し放題なんですよね。取り巻きと蹴鞠ばっかりしている。ベテランの御家人をみんな呼び捨てにして、政子に怒られる。でもこの時、頼家はまだ満17歳くらいなんですよねえ。今でいえばサカリのついた生意気な高校生が、いきなり全国の武士の頭領になって権力を持ってしまったわけですよ、ええ。頼朝が急に死んじゃったから本人のせいじゃないですが、ちょっとかわいそうな役なんですけどね。

大河俳優は、みんな蹴鞠がうまい！

この郷さんが頼家役でやってた蹴鞠、ほんとにうまいんですよ。郷さんに限らず大河に出てる俳優さんはみんなうまい。『麒麟がくる』（2020年）でも誠仁親王役の加藤清史郎さんがやってましたけど、ほんと、みんな俳優さんレベルじゃない。サーカス一座かよってくらいですよ。あれ、大河俳優って皆鍛えてるんですね。義時の弟の時房役だった森田順平さんともよくお会いするんですけど、『3年B組金八先生』で共演した武田鉄矢さんのコンサートでお会いした時に、「いやー、みんなうまいんだよ。すごい練習量。靴がジャマをしてやりにくいんだけどね」って言っておられました。森田さんがバーンと上げて、三浦胤義の柴俊夫さんが体を入れて返して、比企宗員の武田洋和さんがまたバーンと蹴る。ボクも『草燃える』を見て、サッカーボールをノーバンでこう、ポンポン蹴り返せないかなと思ってましたね。あの頃は学校でも流行りましたから。

『草燃える』放送開始前後の時期だったと思うんですけど、NHK総合で『600こちら情報部』っていう子ども向けの情報番組があって、「郷ひろみさん『草燃える』決定です」って事で、登場シーンつきで郷さんを特集してまして、ボクも見てたんですけど、実際に頼家が登場するのは放映開始からかなり後のほうでしたね。でも、当時の郷さんは超多忙だったから、登場シーンは先に録《と》ってあったんですよね。

ところがですね、ご本人は覚えてないんですよ、出演してたの（笑）。「僕は『新・

平家物語』は出てたのは覚えてるんですけど、『草燃える』出てたっけ?」って言ってたぐらいだから。当時はTBSの『ムー一族』とか日テレの『カックラキン大放送!!』とか、樹木希林さんとのデュエット『林檎殺人事件』やシングルの『マイレディー』が大ヒット、とかね、ハンパなくお忙しかったんでしょうね。『新・平家物語』は初のドラマですごい緊張感の中でやってたから、覚えておられたみたいですけどね。

鶴太郎さんの「あ〜け〜ち〜さ〜ま〜あ」

大河ドラマの主人公が、歴史上のヒーローではなく悪役だと、けっこう難しいですね。ヤバい事したって事だけ知られてて、その生い立ちや人柄を誰もが知ってるわけじゃないですからね。裏切者の代表みたいな明智光秀は、脇役として出ると面白いですけど、じゃあ『麒麟がくる』のように主役ってことになったら、あまり知られていないその生い立ちや歩んだ道を面白おかしく描かなきゃいけないわけで、ボクも『麒麟がくる』を「あー、何か変化球を出してくるかなあ」と思って見ていたんですよ。

そしたら、出てきましたよ摂津晴門。片岡鶴太郎さんのね。足利将軍家の家臣だけど裏切者、獅子身中の虫ですよ。実はもともと姓は中原で、『鎌倉殿の13人』の13人のメンバーだった中原親能・大江広元兄弟と同じ血筋なんですよ。ただ、最初はボクも知らなくて。配役が決まった時、鶴太郎さんに「まだオフレコなんだけど、摂津ってどんな人なんだ？　オレ、わかんないんだよな。ちょっと教えてくれ」って聞かれたんですよ。うーん、セッツハルカド？？　ですよ。で、その後に調べていろいろメモ書きしておいて、「ああ、でもなんかあれ、足利幕府の御家人なんですよね」って言ったら、「そうかあー」って。そのメモ書きを渡そうとしたら、「ちょっとさ、字、薄いからもう一度書き直してくれ」って言われて（苦笑）。

鶴太郎さんの「あ〜け〜ち〜さ〜ま〜あ」「わ〜か〜り〜ま〜せ〜ぬ〜」っていうデフォルメした演技、あれ、『半沢直樹』でしたよね。新型コロナで時期がズレた『麒麟』の収録の頃に、ちょうどオンエアしてたから、鶴太郎さん、意識されたんじゃないかなーって。鶴太郎さんに「『半沢』意識されてますね、よかったですねえ」ってメール出したら、「ま〜つ村にそう言ってもらうと、うーれしいい〜」っていう返事が返ってきました（笑）。その後にお会いした時も、「『半沢』はせっかく盛り上がってたから、どっかでイジりたかった」って。やっぱり、脇にああいうある程度の悪役を置かないと、主人公の光秀が引き立ちませんから。

アンジェラ・アキさんと戦国大名

芸能界にもいろんな姓の人がいますけど、けっこう名門っていうか、歴史上の人物につながる人が多くてですね。

うちのマネジャー、九州出身で梶原っていうんですけど、梶原一族って、13人のメンバーの梶原景時が殺された時に、景時の三男の景茂の子孫が讃岐国、香川県の辺りに移って、海賊になったようなんです。ただ、江戸時代に入って福岡県の黒田藩の重役に就いてるんですよ。そういえば梶原真弓っていましたよね。シェイプUPガールズに……あ、福岡じゃなくて埼玉でした。浦和実業で、イジリー岡田の2つ下（笑）。

ただ、地方に行ったらそういう伝説がすごくたくさんありますよ。同じ安芸でも高知県の安芸市は、阪神が毎年春にキャンプを張るところですけど、土佐国の戦国大名、安芸国虎のホームタウンだったところでしてね。国虎だからタイガースなのかどうかはわかりませんけどね。で、四国の雄の長宗我部氏に滅ぼされるんですけど、その時に自分の子の千寿丸を船に乗せて阿波国、今の徳島県ですね、に逃がすんですよ。そうすると、徳島出身のアンジェラ・アキさんがその末裔だっていう話も嘘じゃないかもしれませんよ。アンジェラさんって、本名は安藝聖世美《あききよみ》アンジェラですからね。

伊東四朗さんの『ファミリーヒストリー』

芸能界つながりでいえば、伊豆の伊東一族もそう。頼朝と対立した当主の伊東祐親は、『草燃える』では久米明さん。『鎌倉殿』は三谷作品の常連の浅野和之さんが演じるんですね。松山ケンイチさんが主演の『平清盛』（2012年）では、峰竜太さんが演じてて、すごい存在感でしたねえ。祐親の三女の八重姫と頼朝が恋仲になって、千鶴丸っていう子どもができるんですよ。この時の八重姫は福田沙紀さんで、頼朝は岡田将生さんでしたか。『鎌倉殿』では新垣結衣さんがやるんですよね。

でも、当時は平家全盛の時代ですから、これはヤヴァい、平家にニラまれる……っていうんで、八重姫をどこか身分の低いところに嫁がせて、生まれたばかりの千鶴丸をいなかった事にするんですけど、その時の峰さんの祐親が、ほんとに無表情のまま、千鶴丸を海に落とすんですよ。その時の目つきがねえ……祐親はほんとに我慢に我慢

八重姫

を重ねたのかもしれませんね。

次の週のＴＢＳ『アッコにおまかせ！』で峰さんにお会いした時、「先週の伊東祐親、すごかったですね」って言ったら、「まっちゃんだけだよ、そんなにちゃんと『清盛』見てるのは」って。ボクもプロデューサーみたいな物言いをしましてね。「あの時間帯、だいたいみんな『イッテＱ！』見てますよ。ちゃんと見てる歴史ファンは、ボクぐらいなもんですよ」「あの目がすごくいいんですよ、峰さんの」とか。やっぱりあの時の演技は、峰さんも周りからずいぶん褒められたそうですよ。

ちょっと脱線し過ぎですかね、実は伊東四朗さんって、その伊東家の末裔らしいんですよ。伊東さんが出たＮＨＫの『ファミリーヒストリー』（2019年1月28日）でやってましたよ。戦時中は疎開して掛川のほうに住んでおられたそうですけど、先祖をたどっていくと伊東氏につながったそうですよ。

ホリプロのアイドル、比企理恵はあの一族？

昭和40年生まれのアイドル第1号だった比企理恵っていましたよね。ボク大好きだったんですよ、すっごく可愛くて。彼女も比企一族の血筋かもですね。ホリプロスカウトキャラバンで優勝して芸能界入りしたのが1979年だから、ちょうど『草燃える』の放映中で。頼朝に尽くしてきたのに、北条にやられちゃったかわいそうな一族でしてね。

鎌倉時代で一番多く引用される『吾妻鏡』っていう文献では、すごく悪い一族みたいに書かれてるけど、『吾妻鏡』は「監修／北条家」というか、北条が審査員もやれば裁判官もやってる本ですからね。本当の比企一族は、すごくいい一族だったんじゃないかと思うんですよ。頼朝が死んで頼家の代になってから、ちゃんと生き残ろうとして強くなったんだと思います。頼朝は、比企一族にはすごく感謝していたと思いますよ。

ただ、比企一族が強くなると、北条は面白くない。政子の夫の頼朝がいるうちはいいんですよ。頼朝は結局、北条が自分で権力を握るまでの、ただの借り物ですから。頼家、実朝が死んでからは、北条は比企を倒して、言う事を聞いてくれる人を将軍の座に置いて、「北条がぜんぶ仕切りまーす」ってなったんですよね。別にファミリー企業は三代で終わってもいいんですよ。吉本興業の社長だって、吉本せいさん、林正之助さん、林弘高さんとファミリーの人が続きましたけど、その後はファミリー出身者じゃなくなりますからね。

だから比企能員も、将軍が頼家だった時期は御家人たちを仕切れてたと思うんですよ。能員は頼朝の乳母の一人・比企禅尼の甥っ子で、娘が頼家の妻の若狭局で、頼家との間に息子の一幡も生まれてますからね。『草燃える』なんか、頼家が比企の〝お抱え将軍〟みたいに極端に描かれてましたけど、北条のところにも挨拶に来ないし、時政に対しても「オレの家来だろ」くらいの接し方だったんじゃないでしょうかね。

『鎌倉殿の13人』では三谷さん、比企一族をすごくいいように描くんじゃないかってボクは予想しています。義時は主役ですから、オヤジの時政のほうを比企暗殺の張本人にすれば、話は全然問題なくつながると思うんですよね。『草燃える』では、比企能員は悪役が多かった佐藤慶さんでしたが、『鎌倉殿』では佐藤二朗さん。そのへんを考えてもぴったりかもしれませんね。佐藤さんは『平清盛』にも清盛と仲がよかった貴族の藤原家成役で出てましてね。ただ、最初に出てきた時の坊主姿を見て、ボクは「あれ？　桜金造さん出てるんだ」って勘違いしましたけどね（汗）。

『電波少年』で、常盤貴子さんに褒められて

女優の常盤貴子さんに、一度ゲストで『進め！電波少年』に来ていただいた時（１９９３年12月12日放映）に、「常盤さんってきれいだなって思ったけど、常盤御前と同じ苗字で、同じ漢字ですね」って聞いたら、「松村さんって、意外と学があるんですね」って言われて、ちょっと嬉しかったですね。

常盤御前って、頼朝の父親・源義朝の愛人で、義経のお母さんね。いや、本当につながってるかはわかりませんよ。でも、静岡県富士市の宿場町の岩淵宿に、紀州徳川家が休憩に使った「小休本陣常盤家住宅」っていう建物があって、国の登録有形文化財になってるんですよ。そこの所有者の常盤家に常盤孝子っていう人がいるそうです。

タカが「貴」じゃなくて元中日のセーブ王・鈴木孝政の「孝」。で、「常盤さんは私の親戚なの」って。

常盤さんと常盤御前とのつながりまではわかりませんけど、すごくきれいな人だったそうですから、つながってる可能性はありますよね。だって常盤貴子さんもきれいじゃないですか。ネットにお祖父さんが清水銀行の頭取だって出てますから、相当いいお家柄なんじゃないですかね。だから歴史で常盤御前を覚える時は、常盤貴子さんの顔で覚えればいいんじゃないですかね。

だいたい平清盛と源義朝、両方の愛人ってすごくないですか？　平治の乱で義朝が殺されて落ちのびるんですけど、自首して今若（阿野全成）、乙若（義円）、牛若（義経）の3人の子の面倒を見てもらうために清盛の側室になっていくわけだから、源氏と平家の仲立ちみたいじゃないですか。ほんとは子どもたちは処刑されるはずだったのに、あんまり美人なもんだから、清盛がそのまま愛人にして子どもたちも助かった。清盛との間にも、女の子1人（廊御方）が生まれた、ということになってます。タッキーの『義経』（2005年）でも描かれてましたが、源平の戦いのさなかで兄の義経とバッタリ出会う、みたいなドラマもありじゃないですかね。

「松村さんは口が堅いから」三谷さんが教えてくれた

『草燃える』と『鎌倉殿の13人』の主な登場人物を、俳優さんの名前と一緒に挙げておきますね。

源氏	●源頼朝	＝石坂浩二	↓	大泉洋
	●源義経	＝国広富之	↓	菅田将暉
	●源頼家	＝郷ひろみ（少年時代・鶴見辰吾）	↓	金子大地
	●源実朝	＝篠田三郎（少年時代・松野達也）	↓	？
	●源範頼	＝山本寛	↓	迫田孝也
	●木曽義仲	＝河野存臣	↓	青木崇高
北条家	●北条義時	＝松平健	↓	小栗旬
	●北条政子	＝岩下志麻	↓	小池栄子
	●北条時政	＝金田龍之介	↓	阪東彌十郎
幕府の文官	●大江広元	＝岸田森	↓	栗原英雄
	●三善康信	＝石濱朗	↓	小林隆

幕府御家人

●中原親能 ＝ 渥美国泰 → ？
●二階堂行政 ＝ 谷津勲 → ？
●上総介広常 ＝ 小松方正 → 佐藤浩市
●梶原景時 ＝ 江原真二郎 → 中村獅童
●安達盛長 ＝ 武田鉄矢 → 野添義弘
●千葉常胤 ＝ 小笠原弘 → 岡本信人
●三浦義澄 ＝ 早川雄三 → 佐藤B作
●比企能員 ＝ 佐藤慶 → 佐藤二朗
●仁田忠常 ＝ 中田譲治 → 高岸宏行
●畠山重忠 ＝ 森次晃嗣 → 中川大志
●和田義盛 ＝ 伊吹吾郎 → 横田栄司
●八田知家 ＝ 配役ナシ → ？
●三浦義村 ＝ 藤岡弘、 → 山本耕史
●足立遠元 ＝ 金子元 → ？

平家・朝廷

●平清盛 ＝ 金子信雄 → 松平健
●後白河法皇 ＝ 二代目尾上松緑 → 西田敏行
●後鳥羽上皇 ＝ 初代尾上辰之助 → ？

北条政子

いやあー、出演者はどちらも豪華ですよねえ。実は、政子役が小池栄子さんだってこと、発表されるずっと前に、三谷さんにこっそり教えてもらってたんですよ。佐藤B作さんの劇団東京ヴォードヴィルショーを観に行った時でしたね。『草燃える』ファンだったりとか、三谷さんとは共通項がありましたしね。「北条政子、誰がやるんですかね?」って聞いたら、「松村さんは口が堅いから――小池栄子さん」って。あ、ぴったりだなと思って。

主役の小栗旬さん決定の後、かなり早いうちに決まったらしいですよ。で、大泉洋さんが頼朝ですから、見えてきますねえ、ちょっと頼りない頼朝と、仕切る政子。

三谷さんも『黄金の日日』を見て脚本家にな

ることを決めたっていうくらいの大河マニアですからね、主演の呂宋助左衛門役だった松本白鸚さんにお願いして、脚本を担当された『真田丸』（２０１６年）に同じ助左衛門役で出てもらってるんですよね。38年ぶりですよ。白鸚さんも「役者冥利に尽きる」って喜んでおられました。今回の『鎌倉殿』では、『草燃える』で北条義時をやった松平健さんを平清盛役に置いてますね。やっぱりリスペクトされてるんでしょうねえ。松平さんは一度、１９９２年のＴＢＳの新春時代劇で、平清盛を主役で演じてますよね。

もうひと方、この両方に出ておられるのは岡本信人さん。『草燃える』では日本を代表する歌人の藤原定家でした。『小倉百人一首』の選者ですね。定家が56年間つけ続けた『明月記』っていう日記は歴史の貴重な資料なんですけど、岡本さんの定家って、座って「う〜〜〜ん」とものすごく苦しそうに唸りながら、最後はひょいっと句を詠むんですよ。『鎌倉殿』では房総半島の千葉一族で、石橋山の大負けから巻き返しを図る頼朝に加勢する下総国の老将、千葉常胤役ですね。

『金八先生』と大河キャストが多数重なった件

三谷さん、この間『草燃える』を、総集編じゃなくて全話が入ったやつをどっかから仕入れて隅々までチェックしてるみたいですね。『真田丸』の脚本を手掛けた時にも、大河じゃないNHKの大型時代劇『真田太平記』（1985～86年）に全部目を通してから書かれたそうですよ。

でも、いざ『真田丸』を見てみたら、『真田太平記』の真似は一切していないんですよ。そこがすごいですよね。普通は自分が作る前にすごいのを見ちゃったら、どうしてもストーリーからセリフからそっち寄りになりそうなもんじゃないですか。それを、いったん『真田太平記』を消してから、三谷流に面白おかしく再構成してるんですよね。

ただ、昔の大河へのオマージュがあるんですよ。『真田丸』で室賀正武役の西村まさ彦さんに「黙れ、小わっぱ！」って何度も何度も言わせてたのは、『風と雲と虹と』で露口茂さん――『太陽にほえろ！』の山さんですよね――がやってた藤原秀郷の口グセだったり。だから、過去の大河のセリフでちょっと記憶に残っていそうなのが、もしかしたら出てくるかもしれないですね。

『草燃える』の出演者といえば、ちょっと面白いつながりがあるんですよ。ボクは頼朝を古くからそばでサポートしてきた安達盛長役の武田鉄矢さんに、もういっぺん盛長役をやってほしいぐらいに思ってるんですけど、ちょうどＴＢＳ『３年Ｂ組金八先生』の最初のシリーズが始まったのが79年の10月で、『草燃える』と時期がカブってるんですよね。たぶん、この『草燃える』が好評だったっていうのが、『金八』のすごいヒットにも関係してるんじゃないんですかねえ。もちろん、武田さんが『幸福の黄色いハンカチ』で俳優デビューに成功したことがまず大きいですけどね。

実際に、『草燃える』と『金八』は出演者が重なってるんですよ。義時の弟の時房も、『金八』の嫌われ役の若手教師として森田順平さんがやってるし、「15歳の母」で杉田かおるさんとペアだった鶴見辰吾さんは、頼家の少年時代をやってました。第２シリーズの伊藤つかささんは、政子と義時の妹の北条元子役で出てたし。藤原長成役の上田忠好さんが第１シリーズで中尾友行のお父さん役、第２シリーズで清水先生役をやってたり、何かね、大河からみんなＴＢＳに行くような流れができたんじゃないですかね。

一話だけ出て、一話で死ぬ役が多い理由

大河ドラマは、日本の中で起きた戦争やら何やらを取り上げるから、登場人物がどんどん死んでいきますよね。『麒麟がくる』なら信長は最後に死ぬ、斎藤道三が亡くなる、誰々が亡くなる。足利義輝が亡くなる。ただ、最後は足利義昭は生き延びてますね。『青天を衝け』のように幕末を扱う場合は、薩長も土佐も肥後も、一話だけ出て一話こっきりで死ぬ人がどうしても多くなりますよね。

ほんとは、もうちょっと描いてから死んだほうが視聴率的にもいいはずなんですけど。3月に登場した岸谷五朗さんの井伊直弼が4月に死ぬとかね。タレントのスケジュールの都合があるんでしょうね。だからよく一話だけのゲスト出演ってことになるんですよ。『花燃ゆ』（2015年）でもそうでした。吉田松陰の弟子、金子重輔の母・金子ツル役が麻生祐未さんでしたけど、今日はゲストですって感じでしたもんね。

戦国時代になると、一族が一国の規模まで大きくなっちゃうから、そう簡単には攻め滅ぼせないんですけど、鎌倉時代ってまだ御家人の規模が小さいから、簡単に殺せちゃったりするんですね。だから、主だった登場人物がものすごく頻繁に死にます。そ

れが八代執権の時宗の時代になっても、まだ続いてる。なんか呪われた幕府ですよね。いい人だと思っていっしょに戦ってた人に、次は足元をすくわれるっていうか、どんどん人が消えていくんですよ。あの頃の武士の考え方って、コイツと組んでおけば「利益になるな」と思う相手とは組むし、「邪魔だな」と思ったら殺す、殺し合うという感じだったと思いますよ。

すごいバトル・ロワイアルというか、アウトレイジというか、血で血を洗うというか、勝ち抜きトーナメント、御家人王座決定戦みたいな。その末に生き残って権力を握ったのが北条義時。何度も言いますけど、結局は頼朝と義時なんですよ。頼朝の後継者は同じ血筋の頼家、実朝じゃなくて義時。義時はトップの将軍にはなれないけど、名ばかりの地位をもらってもしょうがないし、なれなくても将軍の地位を有名無実化すればいいんですからね。

「私は何をしたらいいんです?」指示待ちの政子

だから、執権っていうのはタテマエ上は将軍を補佐する役割ですけど、助監督が監督になってる、ヘッドコーチが監督をやってるっていうことですよね、事実上のね。実質的に仕切ってんのはこの人ですからね。ただ、この執権っていうポジションも、時代が下っていくとどんどん力が弱くなっていって、今度は執権の補佐役みたいな人が権力を握るんですよ。最高権力者の下請けの下請けっていうか。鎌倉時代の終わりのほうでは執権もお飾りになって北条得宗家が力を持ち、さらにその得宗家をあやつる内管領《ないかんれい》が出てくるんですよ。ちょっと先の話ですけどね。

『草燃える』も、いちおう主役は政子ですけど、いくら尼将軍って言ったって、陣頭指揮を執るにはちょっと頼りないですよね。ドラマの中でも、「私は何をしたらいいんです？」って、思いっきり指示待ち人間ですもんね。「私は知りませんでした」って、いい人なんですよ、政子は。善玉の主役。逆に悪いほうの主役が義時っていうのが面白いですよね。

結論

『草燃える』は、やっぱりすごい作品だった

第2章

なぜ、ボクは「鎌倉時代」が一番スキなのか

歴史をつくった夫婦「頼朝&政子」

「政子」の読み方は「マ●コ」？

1177年頃に政子と頼朝がくっついたって事が、源氏が天下を取るそもそもの始まりなんですけど、『草燃える』でそこに至るストーリーだと、中山仁さんの北条宗時や、藤岡弘、さんの三浦義村なんかの伊豆の豪族たちが夜な夜な顔を突き合わせて、頼朝にどっかの女性をあてがえば、源氏の血筋と自分たちとの関係ができるんじゃないかっていうんでね。どっかにそういう女性がいないかってことになりましてね。するとと北条家には、政子、保子、元子と年頃の姉妹が少なくても3人いたんですよね。その中の誰でもよかったんですよ、宗時からすると。で、まず長女の政子が手っ取り早いんじゃないか？　っていうんで、武田鉄矢さんの安達盛長なんかがうまく仲立ちしてそう仕向けたら、流人の頼朝が本気で必死に恋文書いて、何度も2人で会って、結局結ばれるわけですよ。

ただ、ちょっとおかしいんですよね。この時代、苗字があるわけないんですよ、女性に。北条政子とか北条保子とか、北条元子です、北条何々ですって、歴史に登場する有名人の女性で苗字のある人っていうのは、この北条の姉妹と日野富子くらい。本当は、苗字がなくて政子だけだったと思うんですよね。読みもマンゴウかもしれませんし、政所のマンだから、マンコかもしれないですよね。で、マンコだとマズイから、マサコになってるんだろうと勝手に思ってます。

政子、頼朝の愛人の家をぶっ壊す

しかしまあ、頼朝も雅な風情で由緒正しい家柄で、ただ写真はないのと、あの有名な肖像画もどうも頼朝じゃないかもしれないから、イケメンかどうかまではわかりませんけどね。とにかくよその女性にこう、手を出すわけですよ。そういえば、大河の『平清盛』では、政子を杏ちゃんがやったけど、頼朝役は東出昌大さんじゃなくて岡田将生さんでしたね。

亀の前事件っていうのがありましてね、実は政子と一緒になる前から付き合ってた

牧の方

亀の前っていう女性がいましてね、美人で性格がよくて、っていう人だったらしいですけど、ちょうど政子が万寿、後の頼家を妊娠してる間に、もちろんナイショで呼び寄せて、今の逗子市にある自分の祐筆（要は書記係ですね）の伏見広綱の家に住まわせて、それを頼家が生まれた後、そこに通ってたんですね。それをある時政の後妻の牧の方が知って、わざわざ政子に知らせたんですよ。

怒りましたね、政子は。もう怒って、その愛人のお宅を人に命じてぶっ壊したんですね。その人っていうのが、チクった牧の方の兄の牧宗親なんですけどね。何でまた？　っていうのが謎ですけど、そしたら頼朝は頼朝で、宗親を広綱のところに連れていって事情を聴き、その場で平伏する宗親の髻《もとどり》を切っちゃった。髻って、髪を頭の上でまとめた部分ですよ。あの頃は、これを切るっていうのは人前でパンツ脱ぐくらい恥ずかしい事なんですよ。いくら何でも、こんなしょうもない痴話げんかの板挟みになって、かわいそうですよねえ宗親。『草燃える』の牧の方は、大谷直子さんが前妻の娘の政子と張り合うキツめの後妻って感じで、ハマってましたねえ。宗親は悪役中心で大河や必殺シリーズなど時代劇常連の中井啓輔さん。『鎌倉殿』は牧の方が宮沢りえさん、宗親は『青天を衝け』で渋沢栄一と親しかった漢学者の阪谷朗廬役をやっておられる山崎一さんですね。

成長した頼朝の隠し子を、政子は……

でも、当たり前ですけどこんなの火に油ですよ。「そういう態度が気に入らない」と政子はますます激怒したので、時政をはじめとした北条グループが、「もう頼朝につくのはやめよう」って、一度伊豆に撤収しちゃうんですよね。ついでに伏見広綱は遠江への流刑となってます。女性関係は気を付けないと、怖いですよ。特にこうした歴史上のレジェンドなんかだと、それがもとで組織が壊れちゃったり、歴史が変わったりしますからね。芸能界にとってもいい教訓でしょうね。やっぱり、その、本妻のほうを大事にしたほうがいいんじゃないですかねえ。『平清盛』で政子を演じた杏さんを見ても思います、ほんとに。できれば、ですけど……。

でも、その頼朝だって政子をけっこう大事にしてたほうじゃないですか？　っていうのは、側室の子がほぼいなかったんですよ。頼家、実朝、長女の大姫、三幡の姫は全員、政子の子ですよ。ただまあ、側室はいなかったけど、侍女には手を出しちゃったから、やっぱり大事にしてないですかね。それで生まれたのが三男の貞暁なんですけど、どうも政子は彼の存在に気付いたらしいんですよ。

これはただじゃすまないと思ったんでしょうね、頼朝は。必死で隠して育てたんですよね。そのおかげなのか、貞暁は出家して立派な僧侶になって、晩年は政子からも認められて、源氏一族の供養までするようになったんだそうですよ。『草燃える』じゃあ、義時の恋人の茜――松坂慶子さんでしたけど――に頼朝も手を出して、生まれた子がどっちの子かわからないまま、茜は壇ノ浦で海に飛び込んでしまいましたけどね。

この子が成長して、御成敗式目の執権・北条泰時になるわけです。実際、それ以降の北条家代々の執権17人の中で、母親の実名がわかってないのは泰時だけなんですけどね。『草燃える』ではどうも頼朝の子なんじゃないか？　っていう流れにしてましたね。濁してはいるけれど。だから、この後代々の執権が形だけになっていって、北条家の血筋が権力を握るんですけど、それが頼朝の落とし子だって設定ならば、幕府のトップにそのまま源氏の血筋の者が立つんだから、全然おかしくはないですよね。もし、『鎌倉殿』に茜みたいなキャラを出したら、父親は大泉・頼朝と小栗・義時のどっちなのだ？　みたいな筋書きはあるかもしれませんね。ただ、三谷さんにはあんまり根掘り葉掘り聞かないようにしてます。聞いてそれ書いて、本出しましたって言ったら怒られるかもしれないですからね。「ふざけんな、コノヤロー」って。

何でも〝初めて〟だから苦労した鎌倉幕府

「下請けＳＰ」が雇い主を倒した承久の乱

鎌倉時代という武士のための世を開いた最大の貢献者は、言うまでもなく源頼朝で

源頼朝

すよ。頼朝が偉いのは、最初に幕府ってものを作ったってことですね。鎌倉幕府。キャバクラ幕府じゃないですよ。これはもう、徳川家康や足利尊氏が手本にするわけですよ。朝廷は今まで自分たちだけで独り占めしてきた政治がだんだんそうはいかなくなってくる、幕府がうっとうしくなる。ただ、一方の源氏は、頼家の子どもの実朝が鶴岡八幡宮で頼家の子どもの公暁に殺されたばっかりに、三代で滅びちゃう。『草燃える』では、実朝は篠田三郎さんでしたね、ウルトラマンタロウだった。

　そこで尾上辰之助さんの後鳥羽上皇が「お、そろそろ義時をツブせるんじゃないか？」ってことで、熊野や比叡山なんかで兵を集めて、西国の武士も集めて、承久の乱が始まるわけですけど、上皇軍は幕府軍に敗れるんですよ。

何とついに、幕府が朝廷を負かしちゃった。朝廷の下請けのＳＰみたいなものだった武士が、ですよ。そのちょっと前の保元の乱なんて、朝廷の後白河天皇と崇徳上皇がそれぞれ武士を使って戦ったわけで、それがとうとう、武士だけが独り立ちして朝廷を倒しちゃった。

ちょうど歌手とお笑い芸人の関係みたいなものでしょうかね。昔のお笑い芸人さんは歌手の前座程度の扱いでした。細川たかしさんのショーの前座でツービートが漫才やる、みたいな。それが、ビートたけしさん以降はお笑いの地位がどんどん高くなって、今はもう、ダウンタウンさんの番組とかもそうですけど、出てるのはお笑い芸人だけで歌手の方の出る幕がないくらい。これが武士の世に変わったっていうのと近いんじゃないかという気がしますね。

サブロー・シローさんのは「乱」だけど爆笑問題のはそうじゃない

承久の乱の「乱」っていうのは、戦を起こしたけど「負けました」「敗れました」って時のネーミングですよね。逆に「革命」は、クーデターを起こしたほうが勝った場合。「乱」は〝乱れたけど、元通りに戻りました〞ってことを言ってるわけで。そもそもこういうネーミングだって、勝った側がやるわけですからね。

大塩平八郎の乱、島原の乱、何々の乱。読売のナベツネこと渡邉恒雄さんに歯向かうと「清武の乱」。清武英利球団代表、やっぱり負けて読売を辞めてますよね。上沼恵美子さんに噛みついた「とろサーモン」の久保田かずのぶって家が近所で、一度その話をしたんですけど、出身が宮崎県の旧清武町なんですよね。清く正しい武士の村なんでしょうかね。気に入らないことがあると、とことんまで戦っちゃう、みたいなね。でも、せっかく宮崎県が200万円もかけて、とろサーモンの2人の銅像を立てたのに、撤去されちゃいましたから。「乱」に敗れたほうは、存在しなかったことにされちゃうのもよくある事なんですよねえ。

太平サブロー・シローのサブローさんみたいに、「乱」になってしまう事もあります。吉本を出て苦労されて、その後復帰されましたが、シローさんがお亡くなりになってコンビが組めなくなりましたからね。なんかいつだったか、大河の『太平記』の再放送を見てたら、サブローさんが出てるんですよ（26話）。で、サブローさんに「あれ？なんで『太平記』に出てるんですか?」ってきいたら、「いや、なんかプロデューサーが『太平だから』って言ってた」って（笑）。

だから、高杉晋作の乱とか言いませんよね？　戦いが起こったのは徳川の時代だったわけで、乱で終わっちゃうかもしれなかったけど、勝っちゃいましたからね、最後は。そういうのは「乱」じゃなくて革命ですよね。

爆笑問題の太田さんと奥さんの光代さんが、ちょうど流人の頼朝と政子が一緒に頑張ってるみたいなもんで、いくら好きだからお付き合いしてるって言っても、相当な勇気が要ったと思いますよ。太田プロを辞めたばっかりで仕事もなくて、「お前、独立とか何考えてんだ」「あいつら終わった」ってみんなに言われて、光代さんはもっとお金持ちと結婚してればラクなのかなあと思ってたかもしれないけど、結婚して2人で阿佐ヶ谷で頑張って、コツコツコツコツやってねえ。

頼朝が挙兵した頃だって、当初は「頼朝の乱」と呼ばれてたそうです。オセロゲームでいえば、平家の赤の大軍がとっくに隅っこも4つ全部取ってる状態なんですよ。「頼朝がなんか起こしたみたいですよ」「あーそうか、いちいち出ていくこたあないだろう。大庭に行かせとけ」ってね。その大庭景親にすら負けたから、「後は、殺しゃあ終わり」くらいに思われてたはずが、「俺らも加勢しますよ」っていう武士がじわじわ増えていって、いつの間にか赤が白に囲まれていったっていうんですかね。爆笑問題もそうですけど、やっぱりこれは「乱」じゃないんですよ。

頼朝は、義経より義時を選んだ

義経はもう、イヤな奴にしていいんじゃないですか？

この時代のドラマ前半で最も目立ち、かつキャスティングに注目が集まるのは、やっぱり源義経なんですよね。兄の頼朝とともに親のカタキを討つ戦争の天才。ドラマ、映画、舞台でも、どんなイケメンが演じるのかを気にする女性の多さは、森蘭丸とか沖田総司なんかと並ぶんじゃないですかね。

ただ、大河はもうそろそろ、義経を「いい人」じゃなくてもっと偏った人、イヤな奴に描いてもいいんじゃないかと思うんですよ、ゴーマンで勝手な事ばっかりやってる、御家人たちの評判が最悪のイヤな奴だったら面白いかもしれませんよね。ふんぞり返ってね、ええ。そもそも「お前なにやったの？」「すごい兄貴の弟だ」っていう程度じゃないですか、特に最初は。

源義経

いや、総大将として戦を仕切ってはいますよ。いますけど、とにかく清盛に勝ちたい、父・義朝の仇を討ちたいと思ってる、言ってみれば清盛殺しのスペシャリストですよ。実の母の常盤御前が、子どもを助けなきゃ、面倒見てもらわなきゃ、と父・義朝を殺した張本人である清盛のお妾になるわけですからね。清盛が憎い、清盛を殺したいの一念ですよね。

でも、これは裏を返せば清盛が元気なおかげで生きていられる人なんだって事ですよね。清盛がいるから、義経は鎌倉でも自分の居場所があるわけですよ、どんだけイヤな奴でもね。

タッキーの『義経』みたいに、「清盛様」「清盛様」って敬語使ってちゃあ、ドラマ見ててもテンション下がると思うんですよね。やっぱりそうではなくて、わがままで「打倒清盛」に燃える義経がいいんじゃないでしょうかね。阪神・巨人と同じで、源氏と平氏は戦ってるわけだし。歌舞伎の『勧進帳』なんかすごくいい人に描いてるけど、今までにないような義経を、三谷さんにはやってほしいです。

林家三平師匠を呼び捨てにしたら……

とにかく頼朝って、名門・源氏の血筋って言ったってただの流人なんですから、北条という豪族のバックアップがあってこそ生きていけるんですよ。弱肉強食の芸能界でね、若い頃の峰竜太さんが海老名家に支えてもらっていたようなもんですよ。自分をバックアップするグループを怒らせたら生きていけないことは、頼朝もよくわかってるんです。だから自分のもとに来てくれる人にはとにかく感謝、感謝。鎌倉幕府を立ち上げた後も、家来にちゃんと気を使っていたんですよね。

ところが、そこに後から加わったのが義経ですよ。義経はそういう頼朝の苦労をわかってないから、「おい時政!」とか、政子のお父さんでも呼び捨てにしちゃうんですよ。たとえばですよ、峰竜太さんに弟さんがいたとして、林家三平師匠を「おい、三平！」って呼んだらよくないと思いません？　ましてや美どりさんのお母さんを「おい、香葉子！」なんて呼んだら、そりゃもう、何が起こるかわかんないですよ。

御家人に対してもそうだったみたいですね。頼朝がせっかく大事にしてきたのに、「頼朝の家来はオレの家来」だと思ってたんじゃないですかね。頼朝が信頼していた梶原景時にも、「おい、景時！　お前たるんでるんだよ」とか、「戦ってのはなあ、こうやるんだよ！」ってね。いくら景時が「いやいや、戦には勝ち負けがありますから」って言ったって、「何言ってる！　負けたことを考えてどうするんだ」「こういうふうに、一気に行っちゃえばいいんだよ」とかね。天才だから。だから、頼朝が「お前のじゃなくて、オレの家来なんだよ」「だからお前と同等なんだよ」って、ちゃんとクギを刺さなきゃいけなかった。てか、刺したけど言う事聞かなかったんでしょうねえ。

義経は、天才・新庄と同じですよ

義経って新庄剛志みたいなもんですよね。日ハムの監督になりましたけど。ストライクゾーンから大きく外れた敬遠のタマを、打席から飛び上がって打ってサヨナラヒットにしちゃった。「あんなことやっちゃいけないでしょ、普通」って周りに言われたって、「でも、こうやって腕を伸ばせばバットが届くでしょう」って言って、そのまま迷わずやっちゃうし、できちゃうのが天才・新庄ですよね。

義経も同じですよ。一ノ谷の戦いでも、「海側じゃなくて、裏の山から回ろう」「崖？ 鹿も下りるんだから、馬も下りられるだろ」って、言ってることはめちゃくちゃですけど、それがちゃんと当たって勝つ。やっぱり戦の天才だから。親のカタキである平家を滅ぼす大活躍で、そりゃもう、「ほら見ろ、オレの言った通りだろう」って、ふんぞり返ってたんでしょうね。そんな空気の読めない熱血の天才・義経を、『草燃える』では国広富之さんが演じておられてましたね。『噂の刑事トミーとマツ』で人気があった頃のですよ。松村クニヒロ富之、なんてね、ええ。

〝闇営業〟をやっちゃった義経

義経は幕府というのがどういうものか、わかってなかったんじゃないでしょうかねえ。後白河法皇が義経に京都の警護を命じたりすると、義経は鎌倉の頼朝を通さずに、直にその命令を受けちゃうわけですよ。それはマズいんですよね。

後白河法皇

武士が昔ながらの朝廷のSPのまんまならそれでもOKなんだけど、朝廷に上から目線でいられる、「われわれ武士の領地や財産をちゃんと守ってくれる新しいパワーの源」っていう関東の武士たちの切なる願いを、頼朝はさんざん苦労してかなえたわけですからね。頼朝といっしょに頑張ってきた御家人たちと同列のはずの義経が、鎌倉の頼朝を通さずに京都の朝廷に直接仕事をもらってたら、その努力がパーになっちゃうんですよ。

ボクらも太田プロを通してお仕事をしてるわけだから、テレビ局が「事務所には後で言っときますから、やりましょうよ」って言ってくるのにOKしたら、やっぱアウトじゃないですか。太田プロにめちゃくちゃ怒られますよね。「お前の上司は誰なんだよ」って言って。

だから、義経は言ってみれば〝闇営業〟をやっちゃったんですよ。幕府を通して「鎌倉所属の義経です」って名乗っといて、「今度法皇からあのレギュラー番組が入るみたいなんですけど」「おお、いいよいいよ。こっちは許可しとくから、ギャラはこっちに通してくれるんだろ?」って感じで話が通っていれば全然問題なかったはずですよね。

それなのに、「オレは九郎判官義経だ!」ってイキって、後白河法皇からダイレクトで仕事とか官位を頂いちゃった。どう考えてもアウトなんですよ。おかげで、他の御家人も幕府を通さずに官位をもらうことが増えたそうで、これでは立ち上げたばかりの幕府の権限なんか、すぐにどっかに消えてっちゃうじゃないですか。やっぱり自分が置屋の所属なんだっていう自覚を、義経はおろそかにしてたんだと思うんですよ。

「道草食ってんじゃねえよ!」頼朝がキレたワケ

もっとも、後の室町時代や江戸時代なら「鎌倉幕府ではこうだったから、これはいけない」っていうお手本があるから誰でも「あー、そうか。これはダメだよな」っていうのがすぐわかります。でもね、鎌倉幕府は日本の歴史上初めてできたばかりの武士の集まりですから、義経がそこを理解できないのも、まあ無理もないんですけどね。

実際、義経と一緒に古株の御家人の八田知家もいっしょに官位をもらっていて、頼朝に「京都なんかで道草食ってんじゃねえよ！」って、ブチ切れられてますし、ずっと後ですけど頼朝の大物側近の大江広元ですら、やはり無断で官位をもらって頼朝に大目玉を食ってます。体育会系じゃない大江ですら、そんなもんだったんです、というか、逆に貴族出身だからわかんなかったのか。

そんな勝手な事ばかりする義経の領地を、頼朝は取り上げるんですよ。平家を滅ぼしたヒーローを、鎌倉の手前の腰越ってところで足止め。そりゃ他の御家人の手前、示しがつかないですよね。それが理解できずにビックリして許しを請う義経に、「もう来るな」って。義経は「許してください」と手紙を書くんですけど、返事はもらえなかった。こうして頼朝と険悪になっていくわけですけど、源氏ってね、どういうわけか親兄弟どうしで仲が悪くなるんですよね、不思議と。

「頼朝追討」が「義経追討」に早変わり

一方の後白河法皇にとって義経は、自分を幽閉した木曽義仲を打ち破って解放してくれた、いちおう恩人なわけですよね。そこで義経に「頼朝を討て」と命じるんですけど、あれだけ鮮やかに平家を倒した天才・義経にね、だーれも味方しないんですよ。その頃には頼朝の力がもう、法皇が思った以上に大きくなってたんですね。

それに気付いた法皇はビビりまくるんですよ。頼朝と朝廷の力関係がどう変わったのかが、義経とおんなじでちゃんとわかってなかったんでしょうかね。武士なんてたかがSP、自分と朝廷が一番エラいまんまだと、法皇は頭の片隅で思ってた、みたいな。いくら院宣を出された官軍だっていっても、弱かったらねえ。そこへ頼朝が「へえ、私を討つ？　それでいいんですか？」と圧力をかけたので、法皇側は「あんまり頼朝を怒らせせちゃマズイ」って事になったんですね。で、手のひらを返して、逆に頼朝に「義経追討」を命じるんですよね。結局ね、朝廷は強いほうにつくわけですよ。ほんとにいい加減なんですけどね。

義経は手下の武蔵坊弁慶たちといっしょに頼朝の追っ手から逃れて、奥州藤原氏を頼って落ちのびるんですけど、東北地方って、中尊寺の金色堂で有名なくらい金が出るじゃないですか。日本で初めて金が掘り出されたのは宮城県の湧谷町ってところで、そこの砂金が東大寺の大仏を造る時に使われたんですよ。今の岩手県の平泉周辺は、奥州藤原氏が滅んでからずっと後、16世紀になってから盛岡藩が金山を開発してますしね、潤ってたんですね。時代は下っても、大谷翔平がとんでもないし、菊池雄星も、佐々木朗希もいて、奥州藤原氏のいた岩手はほんと〝金〟がどんどん掘り出されますよね、ええ。

そんな場所だから、奥州の人たちは奈良・平安の時代から天皇とか朝廷に長年、金を献上してたんですよ。目配り、気配りで。奥州藤原氏もそう。だから、頼朝に対して「奥州を攻めろ」っていう院宣は、奥州攻めを始めた頃は出てなかったんですよ。金をもらってたから。だから、頼朝の奥州攻めは朝廷は反対、承認しないつもりだったのではと思います。

だけど、義経を倒した後も頼朝は「お前ら、義経をかくまったよな」って奥州平泉まで攻めてくるわけです。義経が滅んだからそれで許される事じゃない、かくまったって理由をつけて滅ぼすんですよ。それだけの力を、頼朝は持っていたんですね。

で、鎌倉軍が奥州藤原氏をもうすぐ滅ぼすところまでいった時に、朝廷は「これはマズい」と思って院宣を出したんですね。後付けですよ、後付け。「頼朝追討」がころっと「義経追討」に変わった時と同じですよね。

誰もが知っての通り、義経は頼朝の圧力に耐えきれなかった藤原秀衡の息子、泰衡に裏切られ、不意討ちをかけられて殺されてしまいます。そのまま奥州藤原氏も滅ぼされるんですけど、『草燃える』では、戦が終わってから平泉の衣川に行った石坂浩二さんの頼朝が、焼け崩れた館の床板に残ってた義経のものらしい血痕に頬をこすりつけて、「九郎……九郎……」って号泣するんですよ。あそこまで追い詰めておきながら、弟を思って揺れ動く頼朝の人間性がよく出ていて、それを見つめる義時の表情が印象的なシーンでした。

義時みたいな成功者に、世論は味方しない

前にもお話ししましたけど、頼朝は自分の後継者として、異母弟の義経と義理の弟の義時のうち、義経を捨てて義時を選んだってことですよね。義経は戦のスペシャリストだったけど、義時は頼朝と同じく政治のスペシャリスト。役回りが違うんですよ

ね。最初こそ真面目でおとなしかったけど、成長するにつれてだんだんとこう、老獪になっていきましてですね。感情をすぐ言葉と行動に出しちゃう義経には、それがないんですね。「もし生きてたらなあ」とか惜しまれてるけど、それじゃあ幕府は長くは持たなかったでしょうね。やっぱり斬られるべき人だったんですよ、義経は。頼朝が義時を選んだ事が、幕府の成功につながったんだと思いますね。

もちろん、知名度は義時よりも義経のほうがはるかに上ですよ、申し訳ないけど。負けて滅ぼされた悲劇のヒーローだからこそ、歌舞伎の演目にもなるんですよ。大河にだって定期的に出てきますよね。義経は国広さん以外にタッキーも演じたし、野村宏伸さんとか神木隆之介さんとか、『鎌倉殿』では菅田将暉さんですか、演じる役者さんもイケメンのスターばっかり。だから、源義経って言えば「ああ、義経ね」ってみんな知ってます。

ボクだって、義経の家臣なら名前は覚えてますよ。武蔵坊弁慶は当たり前だし四天王の亀井六郎、片岡八郎、伊勢三郎、駿河次郎。『勧進帳』を思い出せば、関所の役人の富樫泰家。歌舞伎に登場する時の役名は、富樫左衛門ですね。

でも、義時みたいな成功者のストーリーって、歌舞伎にはならないでしょ？　悲劇的じゃないから。そもそも成功して潤った人に世論は味方しないから、舞台や小説は大きく取り上げないんですよ。あの徳川家康だって、以前はずっとタヌキオヤジの悪役でしたからね。あの頃の北条家で誰もが知ってるのは、入試で出てくる御成敗式目の北条泰時ぐらいじゃないですかね。ボクなら、「泰時？　ああ、大映テレビドラマの常連の中島久之さんね、松平健さんの義時の子で、金田龍之介さんの時政の孫か」「三代目の執権ね」って、演じた方のお顔といっしょに出てくるんですけどね。

源氏か平氏、どっちかじゃないとトップに立てない

〝平氏〟と〝平家〟は違うんですよ

日本の武士って、頂点に立つのは結局源氏か平氏のどっちかなんですよ。その武士の権力の頂点の座に就く者は、この2つが源↓平↓源↓平という具合に入れ替わって

いく。言ってみれば、これが日本の歴史なんですよ。学校の運動会で生徒が赤と白とに分かれるのって、源平合戦から来てるっていうのは、もうけっこう知られてますよね。白い旗を持っているのが源氏、赤い旗を持ってるのが平氏。紅白歌合戦もそう。「歌」の字を取ったら紅白の合戦。つまり、源平合戦ってことですからね。源平は、それくらい日本の歴史の流れの奥のほうに根付いてるんですよ。

特に武士の時代は、源氏と平氏のうち、どっちかの血筋じゃないと、征夷大将軍とか関白とか、一番偉くなれないんですよ。これは順番に見ていきゃ、よーくわかります。壇ノ浦で平家が滅びて、源氏の世になりました、と思うじゃないですか？　そうじゃないんですよ。〝平氏〟が、幕府を中から乗っ取るんですよ。意味わかんないって？　いや実はですね、北条家ってそもそも京都から下って、伊豆の北条っていう土地に住みついた平氏の血筋らしいんですよ。

ただ、ちょっとわかりづらいですけど「平氏」と「平家」は違うそうですね。「桓武平氏」とか言いますけど、平氏は平という姓を持つ人たち全般で、「平家」はその中でも飛び抜けて強くなっちゃった平清盛の一族のことなんですね。

平清盛

「平」「藤原」と名乗っていた秀吉、家康

平氏の血筋だったと言われる北条氏が最高権力者として力を握っていた鎌倉幕府を、今度は足利という源氏の直系が倒して、次の室町幕府を作っていくんですけど、それが十五代将軍の足利義昭の時代になると、今度は織田信長、豊臣秀吉が出てくるんですよね。実は、信長の先祖が平清盛の子・重盛の次男の平資盛だっていう家系図があるそうなんですよ。まあ、これは正直言ってうさん臭いんだけど（笑）。

で、その信長を本能寺で倒した明智光秀は、実は源氏なんですよ。今も岐阜県に土岐市っていうのがありますけど、光秀はその辺りが拠点だった美濃源氏土岐氏の出身っていわれてるんですよ。家紋も光秀と同じ桔梗の紋で。

その光秀を天王山でツブした豊臣秀吉は、もう誰もが知ってる通り農家の出身ですけど、十五代将軍の足利義昭に「養子にしてほしい」って頼んだんだけどダメだった。それじゃあって言うんで、平家の血筋を引く近衛家にお願いして、養子になった、といわれてますね。豊臣の姓をもらう前は「平秀吉」って名乗ってたこともあるんですよ。そうしなきゃ関白になれなかったんだけど、まあ、コンプレックスもあったんでしょうね。


そして次は、徳川家康っていう源氏の流れが来るんです。家康は征夷大将軍になるために源氏の家系図を探して、自分のことをあのイチミサンザン（1333年）に鎌倉幕府を滅ぼした新田義貞の家系だって言い始めるんですよね、こじつけっぽいけど。その前に藤原を名乗ったりもしていたらしいんだけど、まあこうやって260年の江戸幕府の世が来たわけですよ。

その江戸幕府を、今度は平氏が滅びた場所である壇ノ浦に近い下関の功山寺から、高杉晋作が挙兵して源氏の世が終わる。武士の世が終わるわけですよ。しかしこうして見ると、うまくできてるもんですねえ、日本の歴史って。

親兄弟でモメる源氏、仲がいい平家

正々堂々、行儀よく戦う平家

源氏と平氏って、やっぱり同じ武士の集団でもライバル同士で、中身もほんとに対照的なんですよね。

まず源氏っていうのは、兄弟・親子が仲が悪いんですよ。ほんと、そもそも頼朝と義経って仲悪いじゃないですか。レオン・リーとレロン・リーくらい仲がよかったらなあって思いますよ。え？　わかんないですか？　2人とも昔のパ・リーグで、同じロッテでクリーンアップ打った強打者どうしですよ。

で、戦の仕方もね、源氏ってスクイズ仕掛けたりエンドラン仕掛けたりみたいな、野村野球っぽい奇襲攻撃をかけるんですよ。逆に平氏はわりと正々堂々。屋島の戦いでも、船の漕ぎ手は討っちゃいけないっていうのが、その頃の暗黙のルールですよ。平氏はそれを行儀よく守ってたのに、義経は「船を漕いでる奴を討てば船は止まる。

そうすれば勝てるだろう」って、何の迷いもなく漕ぎ手をターゲットにするんですよね。どんな手を使っても勝とうとするんですよ、源氏のほうは。

あと、平氏は家族を大事にしますよね。一族は仲がいい。ほんとに。まあそれだけ一族でいろんなものを独り占めしてたんでしょうけどね、なんせ「平家にあらずんば、人にあらず」って言っちゃってますからね。だから家来が潤わないんですよ。逆に源氏は家来、つまり御家人を大事にするんですよ。だから源氏が勝つんですよ。平家は「家」って付くくらいだから、言ってみれば清盛がオーナーのファミリー企業。自分たちの会社だけ潤えばいい。だって、平家で有名な家来っていないですよね？　ファミリーで平清盛、宗盛、知盛、維盛、マルマルモリモリですよ。源氏なんて、北条義時から梶原景時、三浦義村など力のある御家人がぞろぞろいます。その代わり家督争いとか、もう揉めます。揉めるのが源氏でしてね。父と娘でバトルをやった大塚家具さんとか、ガムのロッテの創業家の重光兄弟みたいなもんですよ。

なぜか早死にする鎌倉の将軍・執権

「和田が執権やるくらいなら、北条のほうがいいかな」

鎌倉時代のトップやトップ候補って、みーんな早死にするんですよね。そもそも頼朝だって毒殺されたんじゃないかとボクが思ってるくらいで。だって頼朝が生きていたら、北条は天下取れないですよね？　だから大河で義時が主人公クラスで扱われるなんてことは、まずなかったはずですよ。落馬して死んだなんてねえ。糖尿説もありますけど、体調が悪かった、とか知らず知らず何か少しずつ飲まされて、体調を悪くさせられていた、とかね。脳梗塞って可能性もあるかもしれませんけどね。

息子の頼家も伊豆に閉じ込められて風呂場で殺されるし、実朝も頼家の子の公暁に、鶴岡八幡宮で殺される。20歳過ぎたばかりのあんな若いのが、立て続けにね。普通に生きてたら死にませんよ、そんなに早く。

結局、事実上天下を取ったのは北条義時で、その後の将軍は藤原公経の娘と九条家の血筋の人との間の子で、まだ3歳だった藤原頼経を、「実朝が死んで急だったけど、ひとまず頭に置いといて幕府やりゃいいだろ」って割り切って四代目の将軍にして、頼経が成長して「あれ？　オレって将軍じゃないの？」って自分で分別がつくようになったら「あっ、気付いちゃったな」って事で頼経には京都に帰ってもらって、次の五代目もまた子どもの藤原頼嗣。平家でいえば、安徳帝みたいなもんです。源氏は三代で終わったけど、鎌倉幕府の将軍じたいはいなくなったわけじゃなくて、北条はこうやって執権を世襲にしてずっと独り占めにしていくんですよね。

北条家は、なんで勝ち残れたんでしょうね。和田義盛と三浦義村という「武闘派」が組めば、北条を落とせたのかもしれませんね。でも、三浦はやっぱり腰が重いのと、和田が荒っぽ過ぎるから、御家人たちは「北条のほうがマシかなあ……」と何となく腹の中では思っていて、それでクーデターを起こさなかったんじゃないですかねえ。

ここで、鎌倉幕府が滅びるまでの執権の名前と死んだ年齢を並べておきますね。

①時政《ときまさ》 78歳 初代執権
②義時《よしとき》 62歳 承久の乱で朝廷軍を撃破
③泰時《やすとき》 60歳 御成敗式目を制定
④経時《つねとき》 23歳
⑤時頼《ときより》 37歳 「鉢の木」
⑥長時《ながとき》 35歳
⑦政村《まさむら》 69歳
⑧時宗《ときむね》 34歳 文永・弘安の役
⑨貞時《さだとき》 40歳

⑩師時《もろとき》 37歳
⑪宗宣《むねのぶ》 54歳
⑫熙時《ひろとき》 37歳
⑬基時《もととき》 48歳
⑭高時《たかとき》 31歳
⑮貞顕《さだあき》 56歳
⑯守時《もりとき》 39歳
⑰貞将《さだゆき》 32歳

時、時、時……と、「時」のつく執権の名前といっしょに鎌倉時代の時間が流れていく中で、やっぱり多くが30代で死んでますね。ただ、十四代目の北条高時が鎌倉幕府の最後の執権だと思われてる方も多いかもしれませんけど、その後も十七代まで続いてるんですよね。

二代目の義時は60過ぎまで生きましたけど、若い後妻を迎えましてね、伊賀の方っていう。政村、実泰と子どもが2人できるんですけど、義時が急死してすぐにこの伊賀の方が、実兄といっしょになって政村を執権に、娘婿の一条実雅を将軍にしようとするんですよ。でも、結局は三代目執権は「御成敗式目」の泰時が継いで、伊賀の方と実兄と実雅は流罪と、揉め事は相変わらず続くんですよね。

渡辺謙さんの時頼は「毒殺された」設定

泰時の長男・時氏は泰時といっしょに18歳で承久の乱に参戦して大活躍、こりゃもう、次の執権は安泰だわと誰もが思いきや、病気で30歳前に逝ってしまい、次男の時実はさらにその前に仲間の御家人といっしょに暗殺されちゃうんですよ。理由はよくわかっていませんが、跡継ぎ2人に自分より先に死なれちゃあ、名執権・泰時もさすがにつらいですよね。結局、泰時が死んでから四代執権の座に就いたのはその孫、時氏の長男の経時でした。この時19歳ですよ。っが、何と何と、その4年後に経時も病気で命を落とすんですね。

だんだん名前がわかんなくなってきた頃でしょうけど、経時の次の五代執権はその弟、時氏の次男の時頼でした。仏教の信仰心が篤くて、名君と呼ばれたからでしょうかね、出家してから、水戸黄門みたいに身分を隠して日本中を回ったという「全国廻国」の伝説が生まれたんですね。「いざ鎌倉」で有名な佐野源左衛門常世の「鉢の木」の話もその一つですよね。ただ、宝治合戦で三浦氏を滅ぼして、四代将軍の藤原頼経を京都に追い返して、「得宗政治」で独裁政治を始めた人でもあるんですよ。

で、この時頼もやっぱり37歳で若くして死んでるんですよねえ……。その息子の時宗が主人公の『北条時宗』では、渡辺謙さんの時頼は毒殺されたっていう設定でしたね。そしてそして、二代トバして八代執権の座に就いた時宗も、元が襲来した文永・弘安の役で活躍しますけれども、やっぱり34歳で若死にしてます。これも毒殺かもしれませんけど……。とにかく長生きできないんですよ、鎌倉のトップって。

結論

掘れば掘るほど「へぇ～」が出てくる鎌倉が好きだ！

第3章

幕府を支えた頭脳派・武闘派

(文官編・御家人編Ⅰ)

大江広元
中原親能
三善康信
二階堂行政
安達盛長
八田知家
足立遠元

頼朝を支えた元貴族たち

〝13人〟って、誰と誰のことなのか？

鎌倉幕府の歴史って、御家人たちの生き残りのトーナメント戦みたいなものなんですよ。平家がいる間は一丸となってましたけどね。その共通の敵がいなくなっちゃったから、今度は内輪モメ開始ですよ。後々の戦国時代みたいに、「誰々が謀反を起こしますよ」とか「誰々が裏切りますよ」とかいうガセネタを流したり、挑発して怒らせて向かってきたところをツブしたり、領地を奪っていったりしましてね、ええ。二回戦、三回戦、ベスト8とか4とか。『草燃える』も、そういうドロドロの権力争いがドラマのコアでしたもんね。

『鎌倉殿の13人』の13人って、そもそもは頼朝が急死して、急きょ18歳で二代目将軍になった頼家が、あんまり勝手なことばかりするもんだから、それに歯止めをかけて、物事はみんなで話し合って決めましょう、っていうことにして1199年の4月に集まった、当時力のあった御家人たちのメンバーの数なんですよ。

ボクが思うに、13って、『七人の侍』の7とかノムさんの頃の阪神のF1セブンみたいな、何かこう、象徴的なもので、数字そのものに意味はあんまりないんじゃないかと思います。三谷さん、数字がお好きじゃないですか。『12人の優しい日本人』とか、あと『清須会議』みたいに会議だけの密室モノもお好きなんですよね。

これがその13人のメンツでしてね。年齢は合議制が決まった1199年の時のです。

●文官（貴族出身など）

大江広元	51歳
三善康信	59歳
中原親能	56歳
二階堂行政	？歳（生年不明）

●御家人（武士）

安達盛長	64歳
足立遠元	？歳（生年不明）
八田知家	57歳
梶原景時	59歳
比企能員	？歳（生年不明）
和田義盛	52歳
北条時政	61歳
三浦義澄	72歳
北条義時	36歳

正直ですね、この13人の名前を全部言える人って相当のツウですよ。ボクだって、「賤ケ岳の7人」の名前を全部言えません（笑）。他のメジャーな時代、たとえば戦国や安土桃山だったら、信長は誰がやるんだ、お市の方は誰が演じるんだ、柴田勝家は誰だ、石田三成は誰だとか、とか、気になるじゃないですか。でも、鎌倉時代になっちゃうとねえ。ボクは『草燃える』総集編を何百回も見てるから言えますけど、「畠山重忠を誰がやるか楽しみでした」って人はまずいないでしょうし、「仁田忠常をティモンディの高岸宏行君がやります」って言ったって、「仁田？　それ誰？」ってなりますよね。

三谷さんは制作発表の記者会見で、「この大河が終わる頃には、13人の名前が誰でも言えるようになるくらいにしたい」って言っておられました。鎌倉時代をメジャーにしたい、そのためには13人の名前くらい覚えてくれよ、って事かもしれませんね。

じゃあ、この13人がどういう面々なのか。記録がたんまり残っててキャラが立ってる人から、生まれた年も死んだ年もわかんない人まで、そこはバラバラなんですけど、まずは文官のほうからいきますね。

頼朝に、朝廷との交渉術を教えた2人

武士による武士のための政権を立ち上げた頼朝は、朝廷に対しては関東武士団の武力をチラつかせながら、ズバッと言ったりやんわり圧力をかけたりといった交渉力で力を示していきます。13人のメンバーの中で、そういう手練手管とかそのための情報収集や分析を中心になって行ったのは、関東の武闘派御家人たちではなく、大江広元と三善康信がやってたんですね。頼朝がスカウトしてきたこの2人は、他の13人のメンバーが関東の荒武者ぞろいなのとは違って京都の貴族ですけど、都じゃ出世できずに鎌倉に拾ってもらったんですよね。

2人はともに、幕府との交渉で朝廷側の窓口になった大物、九条兼実の元部下だったので、彼らは頼朝と兼実とのパイプ役になって馬車馬のように働くんですよ。鎌倉の御家人には文字が書けない人もいたでしょうけど、2人はもちろん文字も書ければ教養もあって言葉も知っていたわけですし、京都事情には詳しい。皇族や貴族の行動のクセやパターンもよーく知ってますしね。

「こう圧力をかければ、こうなる」とか、「こういう要望は、こういうところから持っ

ていけば通る」とか、「朝廷がこう言う時は、実はこう考えてるんですよ」とか。だから、頼朝が「義経に、オレを討てっていう院宣出しやがったな……」「いやいや、逆に義経を討つ方向に仕向けましょうよ」「えー!? さすがに無理じゃない?」「ぜんっぜん大丈夫ですよ。強く出れば、あちらは絶対折れますって」みたいな会話があったかもしれませんね。

要は、幕府が力を持つには勝たなきゃダメなんですよ、ってことをアドバイスしたんだと思いますね。後白河法皇はお上だから、殺すわけにはいきません。圧力をかけて勝たなきゃダメだって。義経に出した「頼朝追討」の院宣なんて、他の御家人たちはおオッ! と思ったかもしれませんけど、この2人はどうでもいいことだとよくわかってたんですよ。「院宣なんて出すの簡単ですから。勝てるほうに後付けで出すもんですよ」って。

あげくに、「武力を持っていれば、幕府は強くなりますから」「もう、朝廷倒しちゃいましょうよ」って頼朝をそそのかしたりしてね。何だか、後々に朝廷との決戦となる承久の乱も、「いつかはぶつかる」と予測してたかもしれませんよね。後で詳しくお話ししますけど、承久の乱って、広元、康信の2人から見れば、京都本社で出世コースを外れた人たちが、「見返してやる」って鎌倉文社作って、ゼロから事業を立ち上げて、本社よりでっかくなっちゃうっていうストーリーなんですよね。なんかすっげー燃えますよね。

ところがこの時、広元の長男の親広は、義時の娘を嫁にもらってるのに、自分の息子の佐房を幕府側に残して敵方の朝廷のほうについたんですよね。『13人』でそこを描いてみたら面白いかもしれませんね。『草燃える』では飛ばしてましたから。源通親《みちちか》っていう、広元とツーカーの朝廷の実力者の猶子《ゆうし》——軽い養子みたいなもんですね——に入ってたのもあったかもしれませんし、『真田丸』で、真田昌幸が関ケ原の戦いの前に、どっちが勝っても真田家の血筋を残すために、自分と次男の信繁を西軍に、長男の信幸を東軍につけた、あの犬伏の別れみたいなパターンって、どの時代にもけっこうあるんじゃないですかね。

この2人のうち、まず頼朝に次ぐ幕府ナンバー2の座を長く務めた大江広元（とその兄・中原親能）について、詳しくお話ししますね。

大江広元・中原親能兄弟

幕府の実質ナンバー2の弟、サポート役の兄

「涙を流したことがない」冷徹な腕利き

「成人してからは、涙を流したことがない」と自分で言ってたっていう広元は、ほんとに冷静で腕利きの行政官ですね。政所の初代別当、政務・財政担当で、幕府が始まって間もない頃から、頼朝に次ぐ実質ナンバー2として政権を運営するんですね。別当っていうのは、要は長官ですから、広元のポジションは今でいうと頼朝総理の下で官房長官プラス財務省や経産省の大臣を兼ねる？　って感じでいいんでしょうかね。

武闘派の御家人たちとは違って、どハデに戦場を駆け回ってたわけじゃないですから、ドラマの中ではだいたいジミな役回りなんですけど、『草燃える』では、芸域が広くて、特撮モノにもよく出ておられた岸田森さん。烏帽子姿がほんと、デキる人って感じでしたね。『義経』では松尾貴史さんが演じてましたね。『鎌倉殿』は、『真田丸』で真田昌幸の実弟の信尹《のぶただ》をクールに演じてた栗原英雄さんが演じるんですね。

京都の文官貴族の家に生まれ、後に鎌倉幕府との朝廷側の交渉相手になる九条兼実の下で、外記《げき》の一人として働いてたんですよ。外記っていうのは、行政の一番上の機関、太政官の中のポストです。ただ、その中では一番下っ端でして、太政官からその上、ほんとのてっぺんの天皇に上げる奏文を作ったり、朝廷の公のイベントを仕切ったりするんですね。ただ、広元はまだ若いうちにそこから離れて鎌倉に移って、幕府の中心で40年以上も活躍することになります。

もとは姓が中原で、同じ13人のメンバー、中原親能《なかはらのちかよし》の弟でしてね。親能が相模国の住人に育てられてた頃から流人時代の頼朝と親しくしてまして、頼朝の権力は挙兵した1180年から3年後に「十月宣旨」を出した朝廷に認められるんですけど、それと同時に40代になったばかりの親能は京都から鎌倉に移ってましてね、広元もその縁で頼朝にスカウトされたんでしょうね、鎌倉に下って公文所の別当になるんですね。
公文所っていうのは、文書を保管したり、文書を評議したり決断を下すための政務機関なんですけど、後で名前を政所に変えてから、広元はその別当となって、主に朝廷との交渉のほか、裁判や頼朝への面会やお願いごとの取り次ぎ、関東の領地の経営なんかを担当してます。

別当の下に付く寄人《よりゅうど》のポジションには、後に同じ13人のメンバーになる兄の親能と二階堂行政、足立遠元、藤原邦通がいましたが、まあ、とにかくやる仕事の範囲はめちゃくちゃ広かったんですねえ。ちなみに、兄の親能のポジションはちょっと色合いが違ってて、公事奉行人って言って、政所と問注所・侍所というラインとは違う、何ていうか遊軍みたいなところだったみたいですよ。

広元は外記のキャリアを十分に生かしてまして、自分自身が頼朝の使者として何度も上洛して、朝廷と交渉する事が多かったんですね。京都に入った広元のところには、まあ公家から武士から寺から神社から、報告やお願い事、交渉事が文書で山のように届いていて、その一部は今でも東大の史料編纂所に残ってるそうですよ。

義経討ちにかこつけて、「守護・地頭」を置く

ところで、教科書に必ず出てくる1185年の守護・地頭の設置ってありますよね？　あれ、広元が出したアイデアだって言われてます。守護は今でいえば各地の警察署長、つまり殺人犯や謀反人をつかまえたりするほか、京都や鎌倉の警備のために地元から武士を派遣するポジション。地頭は年貢、まあ税金ですね、その取り立てを行うポジションですね。税金集めと治安維持っていう、権力を握る時に一番大事なところで、これが幕府の権力を関東から全国に広げることにつながったんですよ。

年頭に壇ノ浦で平家を滅ぼしてから起こった頼朝・義経兄弟の仲違いを利用して、後白河法皇が義経に「頼朝を討て」という院宣を出しましたよね？　でも、頼朝は動じなかったんですね。広元や康信たちのアドバイスで、「オレを討たせるだと？（軍隊連れて）上洛してもいいんだぜ」とドーカツ交じりで交渉して、逆に「義経を討て」という院宣に変えさせて、さらにそれに乗っかって、「じゃあ、義経を逃さないよう、つかまえられる人を全国に置いとかなきゃあ（棒読み）」というわけで、全国津々浦々に守護・地頭の設置っていう、さらなる要求を朝廷に呑ませたんですよ。朝廷の人たちはこん畜生、と苦々しく思ったでしょうけど、もう逆らえないことを悟ったんじゃ

ないですかね、今さら。

幕府がちゃんとした力をつけるためには、いずれはこういう体制でっていうのを、頼朝と広元たちブレーンは前々から考えてたんでしょうね。そこへ来た相手の攻め手を逆に利用して、一気に実現に持っていったんじゃないですかね。いやー、見事な返し技ですよ。頼朝の周りに武闘派の御家人だけしかいなかったら、こうはうまくやれなかったかもしれませんよね。実際には広元だけの功績じゃなくて、三善康信や京都から来たスタッフたちとの共同作業だったんですけど、翌年に広元は「よくやった」と頼朝から褒美をもらってますから、その中心にいたんでしょうね。

広元もやっちゃった〝闇営業〟

ただ、そんな広元が一回だけ、頼朝に大目玉を食ったことがありましてね。

実は広元、京都にいた最中に、死んだ義経とおんなじ「闇営業」をやっちゃったんですね。守護・地頭の件から約5年後の１１９０年、広元は頼朝といっしょに上洛します。頼朝はこの時後鳥羽天皇、後白河法皇と面会してるんですけど、頼朝だけ鎌倉に戻って、広元はそのまま残って仕事してたんですね。で、翌1191年に後白河法皇から、明法博士、左衛門大尉、検非違使っていう3つの官位を、頼朝に無断でもらっちゃったんですよ。

前にもお話ししましたけどね、これ、義経が後白河法皇に直接官位と仕事をもらったのと同じで、ありえないというか、頼朝と幕府の下で働く者がやっちゃいけないんですよね。頼朝と幕府を通さない任官を認めてしまったら、幕府の権威なんてないも同然になりますから。

案の定、頼朝は「勝手な事をするな！」って、キレました。しかも頼朝だけじゃなくて、なぜか広元を通じた朝廷と幕府の交渉窓口である九条兼実までもが、「なんじゃこりゃー」と言わんばかりに日記にあれこれ書いてるんですよ。

兼実は広元の元上司って言ったって、行政のほんとのトップである太政大臣にまで出世した超大物、広元はその元部下って言ったって、その頃は若いぺーぺーの一人に過ぎませんから。それが異例の大出世ですからね。前例がないとか広元の家系と官位とがフィットしないとかいろいろ言ってるんですけど、まだ見下してたんでしょうかね、広元を。

しかもこれ、ものすごくめんどくさい政治が絡んでましてね、広元に官位を与えるように口をきいたのが、兼実が目の敵にしている政敵の源通親だったんですね。兼実にとって、幕府と話ができるというのは朝廷内でもでかいアドバンテージじゃないですか。その権利を、広元に貸しを作ることで、通親が兼実からブン捕ろうとしたんですよ。兼実は当然それをわかってて、日記の中で通親を名指しでディスりまくってます。実際、しばらくして兼実は力を失っていき、幕府との交渉の窓口は兼実から通親に移されるんですけどね。

それはともかく、頼朝を怒らせたことで、広元はいっとき相当ヤバい状態に置かれます。義経がその後どうなったかを間近で見ていた広元が、なぜ同じことをやっちゃったんでしょうかね。広元ほどの人物でもつい欲しくなるくらい、当時の武士にとって官位は魅力的だったのかもしれませんね。結局はもらった官位を3つとも辞めるんですけど、未練がましくけっこう長いこと持ち続けているんですよ。貴族として京都では出世できなかった哀しさで、官位には極端に弱かったんじゃないか——とか、広元らしくない人間臭い理由をいろいろ考えちゃいますね。

実朝にも信頼されていた広元

広元は頼朝の時代の実質ナンバー2でしたし、その次の短かかった頼家時代から実朝に代わってからは、実朝の代理みたいな格好で権力を持ってました。実朝って世間のイメージとはちょっと違ってて、ただのお飾りじゃなくて自分でちゃんとあれこれ考えて動いてたみたいなんですよ。若い頃からとはいえ約15年間、けっこう長いこと将軍の座にいましたからね。

なんていうか時政を後見人にして、信頼できる2人のブレーンが「文」が広元、「武」が和田義盛、みたいな。この2人を特に信用してたんですね。実朝が将軍になったと同時に初代執権となった北条時政だって、最初から独裁やってたってわけでもなくて、広元や義盛とはぶつかりそうでぶつからずに、うまいこと役割を分担して、協調しながら幕府を動かしてたんですよ。

ところが、広元が義盛とうまくいってたかどうかはまた別でしてね。御家人66人が広元に梶原景時弾劾の訴状を提出した時、その代表格の和田義盛が、訴状をなかなか頼家に取り次がない広元をディスって直談判したんですよね。また義盛は「上総介」

という位がどうしても欲しかったので、「一生のお願いだから、朝廷に推挙してくれ」と広元に頼み込んでたんですね。でも、広元は義経の「闇営業」よろしく、頼朝の時代からある「任官禁止」の規則をタテに何もせずにほっといたようで、義盛は結局任官をあきらめざるをえなかった。まあ、前にも言った通り広元自身が頼朝に怒られてるわけですけどね。

で、和田義盛は１２１３年に和田の乱を起こすんですけど、義盛邸におかしな動きがある、という緊急の報告を受けた時、来客と酒を飲んでた広元は、すぐさま一人で実朝へ知らせに行くんですね。その間に義盛軍が御所と義時の邸宅を襲撃して、さらに広元の自宅にまで押し寄せてきたんですよ。先に義盛の親族の三浦義村からタレコミがあったといわれてますけど、実朝には大した警備もついてなかったみたいで、かなり混乱したようです。実朝は義時、広元たちとともに危うく逃れて、ひそかに鎌倉の山の中に隠れてたんですよ。たぶん、広元の一生の中で一番命の危機が迫った時かもしれませんね、ええ。

乱じたいは翌日に鎮圧されて、その後の幕府の支配の形は、実朝のすぐ下がそれまでの「広元・義盛」から「広元・義時」の2人に代わります（時政はその8年前の牧氏の変で、もう失脚してますね）。義盛はさんざん自分を挑発してきた義時憎さのあまり乱を起こしたってことになってますけど、上総介への任官を妨害した広元への怨念っていうのも、やっぱりあったんですね。

ただ、同じ頃に広元が仕切ってた恩賞やらの差配に不満を持っていた御家人って相当いたらしくって、義盛のは実はその一例でしてね、和田の乱はその大勢の御家人たちの不満の代表として義盛がかつぎだされて起きたんじゃないですかね。乱の時に実朝にあてた義盛の書状に「もう私には止められませんわ」っていう言葉もありますからね。

そもそも戦場でブイブイいわせて命がけで将軍に奉仕してきたのに、なんでその虎の威を借る狐みたいなインテリ貴族に頭を下げにゃならんのじゃ、という、文化系の政治家・官僚に対する体育会系の変なコンプレックスって、けっこうありがちかもしれませんけどね。学級委員と番長、官僚と武闘派は昔から合わないんですよ。石田三成と加藤清正もそうでしたね。

実朝暗殺を予感していた？　広元

「成人してから涙を流したことがない」広元が、わけもなく「落涙を禁じ得なかった」のが、１２１９年の正月27日の事でしてね。鎌倉の鶴岡八幡宮で行われる儀式に向かおうとする実朝のそばにいただけなのに、「これはただならぬ事だと感じた」。

その夜、実朝は公暁に暗殺されるんですよ。何だか後付けっぽい、アヤシイ話ですけど、正月7日には御所の近くでけっこう大きな火災があって、広元の邸宅も含めた40宇《う》（宇はお寺とかでかい屋根の建物を数える単位）が焼けちゃってた事もあって、何だかいやーな空気だったんですね、きっと。この時広元は、実朝の束帯の下に防御用の武具をつけるように勧めたけど、却下されてます。

実は、予知とか予言は、むしろ実朝本人についての話が残ってましてね、暗殺される9年前、駿河の国の神社から「酉年に合戦が起こる」という御託宣が幕府に報告されたんですね。酉年っていえばその3年後でしたから、広元は改めて占いで確認しようとしたんですけど、実朝が「その御託宣のあった日に、私は合戦を予兆する夢を見た。ほんとに起こるから、改めて占わなくてもいいよ」。で、3年後にほんとに和田義盛の乱が起こっちゃうんですね。ほんとかよ？　後から作った話じゃないの？　って思っちゃいますけども。

かと思うと、いきなり「宋の国に行きたい」と言い出して、ドでかい船の建造を命じた事もありますよ。当時、焼け落ちていた東大寺の大仏の首を鋳造するため来日した宋の陳和卿《ちんなけい》という工人が、実朝と直に話をしたんですね。その時、陳は「実朝は前世では宋の国の医王山の長老で、私はその弟子でした」。めちゃくちゃアヤシイというか、よくあるサギみたいですけどね。今から見れば。あ、今じゃなくてもそうか。

ところが、実朝は本気にしちゃうんですよ。自分が以前、夢で見た高僧も同じことを言っていた、ってことで、陳に宋へ渡るための船の建造を命じてしまうんですよ。こんな事で金も人も使われちゃ、周りは大変ですよね。現実逃避しちゃったんでしょうかねえ。結局、巨大な船はできあがるんですけど、何百人かけて引っ張っても海上に引っ張り出せず、結局は陸の上に置いたまま、朽ち果ててしまったんですね。

実朝の楽しみは官位をもらう事くらい

実朝は、将軍になったのはいくら幼いとはいえ12歳の時ですから、兄の頼家がどういう理由でどうなったかはだいたいわかってたんじゃないかと思いますよ。怖かったでしょうね。源氏の血を引いてるっていうだけで殺されたり、守ってやると言っていた人が守ってくれなかったりするような世界にいるんですからね。

だから正室はいましたけど、子どもはいませんでした。というか、作る気にもなれなかったんじゃないですかね。その気になれば、御家人の手ごろな娘を側室に置けばいいのに、後鳥羽上皇に失礼だから、とか何とかいう理由で置かなかったと言われてますけどね。女性に興味がなかったとかじゃなさそうですけど。肉親を増やした数だけ、哀しい思いも増えるのはイヤですからね、やっぱり。

実朝は、後鳥羽上皇とは仲がよかったんですよね。和歌をお互いやり合ってて。上皇はめんどくさいと思ってたかもしれませんけどね。関係良好とはいいながら、上皇は後々実朝が暗殺された日には調伏、つまり呪い殺す修法として行われていた五壇法を行っていた、と主張する人もいるくらいですからねえ。ターゲットが実朝か義時かはわかりませんけどね。

実朝は『金槐和歌集』とか、和歌の達人っていわれてますけど、結局、官位をもらうくらいしか楽しみがなかったんでしょうね。昇進のスピードは確かにすごくて、権中納言・左近衛中将、権大納言兼左近衛大将、内大臣、さらに右大臣。頼朝・頼家が到底及ばないスピード。さすがに広元たちがいさめたんですけど、「源氏の正統な血筋は私で終わり。だから、せめて高官に上り詰めて家名を上げたい」って。何だか予言っていうより、あきらめの境地ですよね、この発言。

承久の乱、泰時に「すぐ出撃しろ」と叱咤した広元

その実朝の死で、幕府が後釜の将軍に右往左往してるのをチャンスと見て、後鳥羽上皇が寺や神社の勢力や直属である西面の武士、西国の御家人を集めて義時をツブすべく、ケンカを仕掛けてきます。これが承久の乱ですよね。

広元と三善康信は、文官でありながら、この時は幕府の中じゃ最強硬派だったんですよ。広元はもうその頃は70歳を過ぎていて、病気で失明もしかけてたんですけど、政子の有名な大演説の後の幹部会議で、足柄・箱根の関を固めて朝廷軍を待ち構えよう、

という「待ち」の戦略を採る意見に対して、「それもいいが、防御ばかりやっていては東国の武士たちの間に動揺が起こるかもしれん。運を天に任せて、すぐに京都を攻撃すべき」とブつんですね。

それじゃあ、と東国15カ国の武士に動員令をかけて軍勢を集めるんですけど、その集合中に「やっぱりちょっと考え直そうか」という慎重論がまた出てきましてね。まあ、武士だけで朝廷にタテつくなんてみんなやったことないわけですから、迷っちゃうわけですよ。SPが雇い主のVIPの手をかむというか、ハウフルスみたいなTV制作会社が、自分たちだけで制作した番組をそのまま流して、日本テレビとか在京キー局にケンカを売る、みたいなもんですね。

そこで翌々日の会議で、もういっぺん広元は三善康信とともに「すぐ行け」とマキを入れ直すんですね。泰時はすぐさま主従18騎で取り急ぎ西へ向かい、本隊は後から追いかけていったんですね。このスピード感が、幕府の大勝利にそのまま結びつくんですよ。

雷にビビる義時に「大丈夫です」

文官の広元は、一時は「私は戦のことはわかりません」と明言するくらいだったのに、何だったんでしょうかね、この時の勢いは。ただ、戦場にこそ出てはいないけど、これまでの幕府内の抗争や源平の戦いなどをはたから観察してきて、軍を動かす時のスピードと勢いの大切さはよく知っていたんじゃないですかね。それに、出世ができなかったかつての古巣へのリベンジみたいな気持ちはあったでしょうね、間違いなく。

この攻めのアドバイスに加えて、広元が承久の乱勝利の最大の功労者の一人って言われるのは、リーダー・義時の相談役となっていたからでしょう。御家人どうしの争いで勝ち抜いてきた義時とて、朝廷にケンカを売るなんて初めてですから、不安しかないですよ。幕府軍が連戦連勝で進撃してる最中に、義時の自宅に雷が落ちた時だって、「バチが当たったのかな……」などと広元に相談してるんですよ。

そういう時に広元は、「大丈夫です」「頑張りましょう」などと励ましたりして、義時の心の安定剤になってくれるような存在だったようですね。朝廷方について乱の後に出羽の国、今の山形県ですね、に潜伏していた息子の親広が、その後も大したおとがめがなかったのは、父親のそれだけの功績が効いたんでしょうね、ええ。

広元の資料が無ければ、御成敗式目は生まれなかったかも

乱から3年後の1224年6月に義時が62歳で急死して、そのちょうど1年後の1225年6月に広元が78歳で、翌7月に政子が69歳で立て続けにあの世に行くんですよね。広元の死は赤痢が原因でしてね。京都の武士たちにそれが伝わった時は、急いで鎌倉に戻ろうとする武士たちが動揺している様が記録に残ってるんですよ。やっぱりものすごく大きな存在だったんですよね、広元は。息子の親広は自分の子の佐房に阿弥陀如来像を彫らせて、広元の遺骨を納めてから、出羽国の阿弥陀堂に安置しました。もったいないけど、この阿弥陀堂は明治になって廃仏毀釈で解体されちゃったそうですけどね。

広元が死んで7年後の1232年、三代執権・泰時が有名な御成敗式目を定めますけど、この時に広元の手元にたまっていたすごい量の文書を整理し直して、目録を作ってるんですね。たとえば朝廷との政治交渉や御家人たちの任官要求の将軍への取り次ぎ、公家・寺社勢力に対する政策、荘園領主と地頭の間の訴訟裁定、合戦後の御

家人の論功行賞等々、まあ、一人でこーんなに広い範囲をカバーしてたのかよ、と思うようなね。頼朝以来の幕府の財産ですよ、すべてがですね。

これ、泰時が式目を作るときに、絶対に読み込んで参考にしてますね。言ってみれば、御成敗式目のベースには、広元がため込んだ経験と知恵があったわけですよ。さらには北条氏編集の『吾妻鏡』の参考資料にもされたんだと思いますよ。

子孫はあの「三本の矢」の戦国大名

広元って実は「三本の矢」で有名な戦国大名、毛利元就の毛利家の祖先なんですよ。広元の四男の季光が、三浦氏といっしょになって北条氏にタテついた宝治合戦で負けた時、そのまた四男の経光――広元の孫ですね――は幸いそこに加わらなかったので生き延びまして、後で相続したのが安芸国の北部、今の広島県安芸高田市が毛利家の発祥の地になるんですね。元就、輝元と毛利家の名前に「元」が続くのは、広元の「元」なんですよ。広島県の「広」も、広元の「広」と、現地の土豪の福島元長の「島」から取った地名だっていう説があるそうですよ。

もうちょっと脱線すると、季光の娘の涼子《あきらこ》って、五代目執権・北条時頼の嫁さんになったって説があるんですよ。つまり蒙古襲来の際に日本軍の指揮を執った八代目・時宗の母。いったんは敵方についた人の娘なんで、まず北条家宿老の重時の養女となって、角が立たないようにしてから嫁いでます。大河の『北条時宗』だと浅野温子さんがやってました。時宗は広元の曽孫ってことになるんですね。とにかく、文官だから戦場とかで華々しく活躍した人ではないけど、遺したものの大きさはハンパないんですよね、広元って。

三善康信・二階堂行政

初代の〝最高裁判所長〟と二階堂家の祖先

実家は代々算術が専門の〝理系〟の血筋

広元と並ぶ幕府の文官の代表、三善康信は、問注所の初代執事ですね。問注所って、言ってみれば裁判所みたいなところです。実家は代々算術の研究をやってた「理系」の家系で、きっと相当賢かったんでしょうね。『草燃える』では石濱朗さん。若い頃に

『水戸黄門』で助さん役、大河では『おんな太閤記』で明智光秀と、時代劇にはしょっちゅう出ておられましたね。『鎌倉殿』で演じる小林隆さんは、三谷作品じゃ『新選組！』の六番隊隊長の井上源三郎役でした。

母親が頼朝の4人いたとも5人いたとも言われる乳母のうちの一人の妹っていう縁から、康信はまだ伊豆にいた頃の頼朝に月3回も京都の情報を上げてたんですよね。頼朝は流人時代に相当政治の勉強をしていたとボクは思ってますけど、そのサポートってことですよね。頼朝に先駆けて以仁王が「打倒平家」で挙兵した時、伊豆の頼朝に使いを出して「源氏追討の話が出ている。ヤバいから、早く奥州に逃げろ」といち早く情報を入れて、これが頼朝の挙兵の大きなきっかけになったんですよ。

ただ、そんな頼朝とのつながりがウラ目に出てか、平家全盛の京都じゃあ、なかなか出世ができなくて、そんな時に頼朝に呼ばれたんですよ。鎌倉に出向いて、鶴岡八幡宮の廻廊で頼朝に直接面会して、直々に「補佐しろ」って言われて。ヘッドハントですよね。この時、康信は満44歳。もうその頃には出家して入道って呼ばれてたそうですけどね。中年になってからめぐってきた、人生の大転機だったんですよね。幕府の中では珍しく、早くに出家して「善信」って名乗ってたんですが、問注所のほかに神社仏閣の修理や東大寺の供養に関するもろもろなど、寺や神社関係の仕事もやってたそうですね。

康信の鎌倉の自宅は鎌倉の旧名越《なごし》っていうところにあって、問注所のトップらしくその邸宅の山際あたりに将軍家の文書など幕府の公文書を保管する「名越文庫」っていう文庫があったんですね。だけど、康信の晩年、外出してる時に火事でぜんぶ焼けてしまい、幕府創設以来の貴重な資料を丸々失ってしまうという一大事がありましてね。康信がほんとにガッカリした様子が『吾妻鏡』に書いてありますよ。

しかし文官とはいえ、決戦の承久の乱では大江広元とともに重要な役割を果たしてます。もう80歳を過ぎた重病人だったのに、政子の演説後も「やっぱり慎重にいこうか……」という空気がじわじわ湧いていたのを見て取ってか、ムリして幹部会議に乗り込んできたんですよ。グズグズしてたら、勝てるものも勝てなくなると思ったんでしょうね、「若（北条泰時）一人でもただちに出発すべき」と幕府幹部たちのケツを引っぱたくんですよ。長年いろんな戦をはたから見てきたこの2人ならではの、ド正解だったアドバイスですよね。

乱が幕府側の圧勝に終わったその翌月に、康信は力尽きて亡くなるんですけど、けっこう骨っぽい人だったのかもしれませんね。

近所のお寺の仏堂が「二階建て」だった

13人のメンバー中、4人目の文官・二階堂行政は、もともと父方は工藤って名乗ってたそうですが、名前でおわかりの通り鹿児島の二階堂家の祖先ってことになってますね。鎌倉の永福寺っていう、2階建ての仏堂があったお寺の近くに邸宅があったのが名前の由来だそうです。3階建てなら三階堂、12階建てなら一二階堂だったんですかね。武蔵小杉のタワマンだったら……ってこの辺にしときましょうか。

母方の祖父が、名古屋の熱田大神宮の大宮司・藤原季兼。つまり、頼朝の母親の由良御前は行政の母親の姪っ子ってことですね。ややこしいから、まあ頼朝の遠縁ってことで。で、最初は京都の朝廷の下級官僚だったんですけど、そういう御縁からなんでしょうか、日付はわかりませんが幕府に移って、政所で大江広元の下の寄人、つまり職員として働いていています。この時に同列にいたのが同じ13人のメンバーの中原親能、足立遠元らです。

その後も記録の中にちらほらと名前が出てきます。奥州藤原氏との奥州合戦では、軍奉行を務めたともいわれてまして、後で御家人の畠山重忠のエピソードのところでお話ししますけど、藤原泰衡の郎党の由利八郎を生け捕りにしてその処遇を決める時の仕切り役をやりまして、その報告書を書いてますね。

その後は政所でのポジションも徐々に上がっていきましてね。別当が複数になった時には、行政も別当を名乗るようになります。広元が京都に出向いてる時は、代わりに行政が政所の仕事をこなすようにまでなってて、となると、かなりの腕利きだったんじゃないですかね。

13人のメンバーに入った後、程なくして頼家が失脚して実朝が三代将軍の座に就いてから、行政の名前もいつの間にか公の文書から消えるんですけど、こういう人って、ドラマでは作者が思いっきり活躍させるかもしれませんね。たとえば朝廷が幕府の内部情報を探る密偵だった、とかね。『鎌倉殿』で演じる方の発表がかなり遅れてるのは、実は何かあるのかもしれませんよ。

安達盛長

説得・仲介の達人。流人時代から頼朝をサポート

頼朝と政子を仲立ちしたキューピット

13人のメンバーに限らず、『吾妻鏡』が悪く書いてる登場人物は、北条が天下を取るのに邪魔だった御家人ばっかりですね。梶原景時や比企能員が典型ですね。対照的なのが安達盛長。そもそもかみさんのお母さん、つまりお姑さんが頼朝の乳母の一人、比企禅尼でしてね、関東の大多数の豪族たちにとって、頼朝が血筋はいいけどなかなかおおっぴらに仲良くもできなかった流人時代から、ずーっとその側に仕えてましてね。言ってみれば、売れない時代から同じ釜のメシを食ってきた頼朝の戦友。幕府を開いてからも、頼朝は12歳年上の盛長の自宅に、ちょくちょく顔を出してたそうですね。『草燃える』では、武田鉄矢さんが演じた面白いキャラクターです。

息子の景盛の愛人を頼家がむりやり横取りした時に、政子に守られましたけど、安達家は結局は十四代執権の高時の頃まで長続きするんですよね。13人の中じゃあ、北条の次に長く続いた家系じゃないですかね。ただ、姓を藤原と名乗っていたり小野田だったりと、安達氏の本当の出身はなんだかはっきりしないんですけどね。

仇討ちの曽我兄弟を描いた文献『曽我物語』だと、盛長は頼朝と政子を仲立ちしたキューピットってことになってるんですよね。北条時政の3人の娘、長女の政子、二女の保子、三女の元子のうち、頼朝は最初、二女の保子に手紙を書いて盛長に託すんですね。『草燃える』だと真野響子さんでしたね。元子が伊藤つかささんでした。

ただ、盛長は保子と元子は「悪女」だっていう事を聞きかじってたんで、宛名を保子から政子に書き換えて渡したそうなんですよ。そこから頼朝と政子の手紙のやり取りが始まるんですけど、頼朝が政子に手を付けたのが、父の時政の京都出張中でして、激怒するんですよ、時政は。女の子を持つ父親なら、誰でもそうなんでしょうけどね。それ以上にやっぱり平家の目は怖いわけです。そこからやったことは八重姫の父親の伊東祐親とおんなじで、地元に住む平家一族の男に政子をむりやり嫁がせようとするんですね。

ところが、政子は八重姫とは違ったんですね。父親の言う事を聞かないんですよ。聞かずにその男の屋敷を抜け出して、山一つ越えて頼朝との待ち合わせ場所の伊豆山権現に駆け込んだんです。ここの僧兵には、時政もうかつに手は出せない。いやー、さすがですね小池栄子さん。

後々になって、義経の愛人・静御前が、つかまって頼朝の前で義経を思う舞いを踊った時、頼朝はキレかけるんですけど、政子がこの時のことを引き合いに出して、「私も暗い夜道をさまよって、ひどい雨に打たれながらあなたのところにたどり着いたじゃないですか」と頼朝に女ゴコロを説くんですよね。いややっぱり、さすが尼将軍ですよ小池さん。『草燃える』が好き過ぎるボクは、政子といえば岩下志麻さんしか思い浮かばないですけど、小池さんにそのイメージを一新して欲しいです。

本名は〝藤原〟。実は、後白河法皇の手下だった？

盛長はもちろん御家人ですから、奥州合戦にも参加したりとれっきとした武人ですけど、それ以上に頼朝の手足となって説得や仲介に動くっていうのが、他の御家人とちょっと違う盛長の役回りなんですね。

流人時代の頼朝に、父・義朝のシャレコウベなるものを見せて、「決起しろよ」と何度もハッパをかけたのが、同様に京都から流れて伊豆に住み着いた文覚っていうアヤシイ坊さんなんですが、その仲介をしたのも盛長じゃないかっていう人もいますし、頼朝が初陣で敗れ、安房に逃れてからカムバックするまでの間に、関東の御家人の説得に走り回ったのも盛長で、特に下総の千葉常胤をオトしたのは、もともと常胤が源氏命だったとはいっても大きかったんですよね。

頼朝が急死してから1年ちょっと経って、盛長は66歳で病気で死ぬんですけど、不思議なのは、盛長のひ孫の泰盛が高野山に立てた町石《ちょういし》——墓石みたいなもんです——には、「藤原盛長入道」って刻まれてるそうなんですよ。生きてた頃の盛長は、京都では「藤原朝臣盛長」って呼ばれてて、あれこれ調べた人が、この〝藤原盛長〟が、「どうも後白河法皇の手下だったんじゃないか」って言うんですよね。いや、推測ですけどね。

法皇は、頼朝とはずっと対立し続けたように見えますけど、我が物顔だった頃の清盛に痛い目に遭ってるわけで、清盛に隠れてでも頼朝の決起をサポートする理由は、あり過ぎるほどありますからね。『草燃える』で武田鉄矢さんがやった盛長を、『鎌倉殿』で野添義弘さんはどんなふうに演じるんでしょうかね。すごく楽しみにしてます。

足立遠元

平治の乱で激闘した老将、幕府では政所勤務の知性派

絵に描いたような〝戦うサムライ〟

幕府の御家人のアダチ姓には、先に触れた盛長の安達も、阪急の黄金時代のピッチャー、足立光宏のほうの足立もありますけどね、シンカーがウイニングショットで、ゴールデングラブ賞も取ってましてね。後のほうのアダチ、足立遠元も13人のメンバーの一人で、名前の通り武蔵国の足立郡を拠点にしてた御家人でしてね。その辺りの地名じたいは６４５年の「大化の改新」の頃から武蔵国の足立郡と呼ばれてるそうですけど、姓に「足立」を名乗ったのは遠元が初めてだから、足立氏の始祖ってことになってます。

遠元は、他の御家人と比べるとちょっと珍しいタイプですね。順番にお話ししますけど、まずキャリアが長くて、すでに平治の乱の時から頼朝の父・義朝の下で戦ってましてね、義朝の子で頼朝の兄・義平の手下16騎——後に頼朝のもとに来る上総介広常と、後に13人のメンバーとなる三浦義澄も入ってますね——の一人として平家を相手に大奮戦した、そりゃもう、絵に描いたような戦うサムライなんですね。

「ちょっと待ってろ」と敵を射殺、奪った刀を部下に与える

その時のエピソードが凄まじくってですね、義平ってこの時は満で18歳なんですけど、当時から「悪源太」って呼ばれてましてね、「悪」はワルじゃなくって、強いとか剛勇とか猛々しいっていう意味だから、「猛々しい源氏の長男」。頼朝とは全然違うタイプですね。『平清盛』では、『青天を衝け』で平岡円四郎の側近役を演じた波岡一喜さんでしたが、その悪源太義平も含めたわずか17騎で、清盛の超イケメン長男、重盛が率いる約500騎の敵中に飛び込んでいって、何とそいつらをボコボコにして京都御所から叩き出すんですよ。このあたりがほんと、平治の乱のクライマックスなんですよね、ええ。

さらに、17騎はそこから清盛の本拠がある六波羅に向かうんですけど、その途中で17騎の仲間の一人、金子家忠がまさに「矢尽き弓折れ、太刀も折れて」使える武器がなくなってたんですね。そこで、見るに見かねた遠元は、自分の手下の太刀をその場で家忠に譲ってやったんですよ。家忠は遠元に礼を言って、そこからさらに敵の中に突っ込んでいって、敵兵を多数討ち取ったんですね。

ところが、一方で自分の愛刀を、上司の仲間のためとはいえいきなりブン捕られ、プライドを傷つけられたその部下が、その場で腹を切ろうとしましてね。それを見た遠元は馬から飛び降りて、「いや待て」と危うく思いとどまらせます。そして、「家忠をほっとけなかったんでな。ちょっと待ってろ」と弓を取り出すと、駆け寄ってきた敵3騎の一番先頭の奴の内兜（額の真ん中の急所ですね）を一発で射貫くんですよ。で、馬から転落したその敵兵の死骸に駆け寄った遠元は、そいつの太刀を引きはがして「これ、使え」ってその部下に与えるんですね。残りの敵2騎はもう、こいつはヤバい、と警戒して寄ってこない。遠元はその部下を引き連れて、また敵の中に駆け込んでいったっていう、仲間や部下の面倒見がいいというかですね、相当のツワモノですよ、遠元はね。

政所でただ一人の「知的武闘派」

ところが、平家を滅ぼしてからは、幕府で遠元が配属された先が公文所、後の政所なんですよ。トップの大江広元の下で、三善康信、中原親能、二階堂行政ら〝文系〟のスタッフとともに、5人の寄人の一人になってます。荒っぽいのばっかりだった関東の御家人には珍しい、政治ができる知的武闘派だったんですよ。後々に、その仕事ぶりが認められて、左衛門尉っていう位に任ぜられたそうです。

それだけではなくて、平治の乱以前から京都の諸事情に明るいため、頼朝が上洛する際に連れていかれたり、儀典なんかの運用にも詳しかったので、幕府の重要な式典の運営やＶＩＰの接待なんかを任されてました。

たとえば、頼朝の妹婿である一条能保夫妻が京都から鎌倉に来た時にその接待役を仰せつかったり、幕府が始まってから行う初めての本格的な儀式が頼家の着甲始《ちゃっこうはじめ》——元服ではなく、幼い子に初めて兜を着用させる儀式です——が、それはそれは「壮麗を極めた」ものだったそうですけど、武田信義、比企能員、三浦義澄、畠山重忠らそうそうたる御家人たちが、馬上の幼い頼家をあれこれサポートするために一人ひとり何かしら役目を持たせられたんですが、その中で、遠元は最後に頼家を直接抱いて、甲冑を脱がせるという一番の大役を果たしたそうです。

関東の御家人って、当時も京都との行き来があって、都の文化に馴染んでいる御家人がけっこういたんですね。平清盛の弟に、平氏から抜け出した頼盛っていう人がいましてね。清盛の男兄弟の中では、壇ノ浦の後も唯一生き残った人なんですよ。1184年、鎌倉軍が一ノ谷、屋島で立て続けに平家軍を破った頃に、何と鎌倉の頼朝のところにその頼盛が滞在してましてね。その頼盛が京都に戻る時に、御家人たちが集まって送別会をやったんですよ。

そこで呼ばれた面々が、遠元と三浦義澄、畠山重忠、小山朝政、八田知家ら9人。彼らが呼ばれた理由が、「これみな京都に馴るるの輩」だったから、という事です。「坂東武者」って、勇猛だが教養ないわけじゃない人もいたんですね。

遠元は生まれた年も死んだ年もはっきりしてなくて、1207年に三代将軍実朝が開いた闘鶏の会に呼ばれた面々の一人に入ってたのを最後に、歴史から姿を消すんですよ。息子の元春が頼家、実朝に仕えていたのと、その弟の遠光の子である遠政が幕府に仕えていたり、他にも足立姓はいろいろいて、彼らが遠元の子孫じゃないかっていわれてますけどね。

文武両道の立派な人だったことは確かなんでしょうけど、戦場で散ってはいないし、北条家や他の御家人たちとも仲が悪いとか、ケンカやトラブルがあったとか、ましてや謀反を起こしたというような話は見当たらないから、ジミだけど天寿をまっとうしたんでしょうね、きっと。

八田知家
頼朝とお父さんが同じ〝かもしれない〟武闘派

ウィキでも10人いる義朝の子たち

同じく13人のメンバーの1人、八田知家は平治の乱よりさらに前、保元の乱（1156年）の時からすでに戦場に出ている武将ですね。ただ、1142年生まれなんで、初陣は満でわずか14歳ですか。それで「戦功を上げた」っていわれてますから、かなりのツワモノですよね。宇都宮宗綱っていう藤原家の血筋の人の四男です。名前の通り、栃木県宇都宮市の名前のルーツですね。頼朝の乳母って5人いるって言われてますけど、その一人である寒河尼は、この知家のお姉さんか妹です。

ただこの知家、もしかしたら父親が頼朝と同じ、義朝かもしれないともいわれてるんですよ。ご落胤っていうやつですかね、ええ。そんな異説があるそうです。乳母つながりもあって、それだけ親密だったんでしょうねえ。

ただ、義朝には正室で頼朝の母の由良御前がいて、側室に義経の母の常盤御前がいて、三浦義澄のお父さんの義明の娘に相模国の御家人・波多野義通の妹、さらに遠江国池田宿、今の静岡県の磐田市ですか、そこの遊女も入ってます。昔の嫁さんやお妾さんについての記録って、誰々の娘、誰々の姉とか妹とかだけで、名前がちゃんと書いてないことが多いんですよ。

そしてさらにさらに青墓長者――岐阜県の大垣市にあった有名な遊女のいる宿だそうです――の大炊っていうから、飯炊きをするお女中さんか誰かですかね。なんかそれ以外にも、時代が下ってからも、ほんとに信用できるかどうかはともかく、新しい女性が付け加えられてるみたいだし。

だから、当たり前ですけど子だくさんですね。ウィキペディアに載ってるだけで義平、朝長、頼朝、義門、希義、範頼、阿野全成、義円、義経、坊門姫と10人いますけど、ほんとは何人いたんでしょうね。知家も実は本当にそうだったりして。

もしそうなら、頼朝の5つ年上、義平の1つ下の腹違いの次男ですよね。頼朝もこれまで言った通り、あっちこっちの女性に手を出して、政子を怒らせてますからね。当時のエラい人なら、子孫を残すために当たり前にやってたのかもしれませんけど、こういうのも血なんですかねえ、やっぱりね。

奥州合戦の「東海道大将軍」も頼朝に怒られてた

で、早くから戦場を駆けずり回ってきた知家は、頼朝が挙兵した時も早いうちに駆けつけてます。平家を追討した時は、頼朝の弟の範頼の下について先鋒——つまり軍の一番先頭ですよね——を任されてますし、もともと常陸国新治郡八田って、今の茨城県筑西市あたりが本拠でしてね。奥州藤原氏を攻める奥州合戦の時に、千葉常胤といっしょに「東海道大将軍」って肩書で、自分の手下や常陸・下総の武士を率いて奥州入りしてますね。坂東武者ですよね、ほんとに。

ただ、知家もそうそううまいことやってばかりじゃなくてですね。前にお話したけど、義経が頼朝に無断で「闇営業」で官位を授かって頼朝が激怒した件がありましたよね？　これ、やっちゃったんですよ、知家も。いっしょに右衛門尉に任官されましてね。義経といっしょに、頼朝にめちゃくちゃ怒られるんですよ。「京都なんかで道草食ってんじゃねえ」って。

いったい何だったのか？　曽我兄弟の仇討ち

ところで、曽我兄弟の仇討ちって、若い方はご存じなんでしょうかね？　鎌倉幕府が始まったばかりの1193年5月、頼朝が号令かけて富士の裾野に御家人を集めてイノシシや鹿なんかの巻狩りをやってたんですね。1カ月間のロングランで70万人が参加したってことになってますけど、その最中に、曽我祐成《すけなり》・時致《ときむね》の兄弟が父の仇、工藤祐経《すけつね》を討つんですね。赤穂浪士と、剣豪・荒木又右衛門の鍵屋の辻の決闘と並んで日本三大仇討ちの一つっていわれてて、っつってもピンと来る人はもう多くないんでしょうかね。

『草燃える』だと、この時に頼朝も襲われてるんですよ。滝田栄さんの演じる伊東祐之が、〝光速エスパー〟三ツ木清隆さんが演じた曽我祐成をそそのかして頼朝を襲わせたことになってまして、その黒幕が何と、時致の烏帽子親だった北条時政じゃないかっていうんですよ。烏帽子親っていうのは、その子の仮の親みたいなもので、その子が元服する時に烏帽子をかぶらせて、大人になった新たな名を与える役回りで、血縁の次に大事なものってことになってます。

ところが、暗殺がうまくいかなかったんで、むりやり仇討ちの美談に仕立てたっていうのがこの説の結末でしてね。頼朝のいる御前会議に引っ張り出された曽我時致が「オレがやったのは、仇討ちなんかじゃない」と言い張るのを、金田龍之介さんの時政が「あっぱれ美談」と大声で制して、他の御家人もいっしょになってもみ消しに加担するんですよね。えっぐい政治劇でしたねえ。

知家とこの仇討ちと何の関係があるのかって言うと、知家は同じ常陸国のライバル、多気義幹《たけよしもと》を、この仇討ちをうまいこと利用してハメるんですよ。あらかじめ「八田軍が義幹を狙っているらしい」って噂を流しといて、多気山城ってとこにいた義幹に兵を集めさせるんですね。で、仇討ちの混乱が始まった頃を見計らって、「曽我兄弟が仇討ちやって騒ぎになってる。すぐに富士野に駆けつけたいから、いっしょに来てくれないか？」と義幹に持ちかけるんですよ。当然、義幹はノーですよね。自分を狙ってるかもしれない奴の誘いですから。

そうなりゃ知家の思うツボでしてね。「義幹は多気山城に軍勢を集めたまま、呼んでも動こうとしない。あいつ謀反を起こすつもりだ」と幕府に訴えましてね。その後に2人とも幕府に呼ばれて、知家・義幹は両方とも言い分を聞かれるんですけど、実際に兵隊を集めて立てこもっちゃってた義幹は、状況証拠的にもう勝ち目はないですよね。結局、義幹は職を解かれ、所領も没収されて、歴史からも消えちゃうんですよ。

ただこれ、なんか変なんですよね、いろいろと。仇討ちといっしょにいろんなものが動いてる感じでしてね。この頃はまだ始まったばっかりの幕府の上のほうが独裁政治をやってて、常陸国もそうだけど下のほうの御家人たちに相当不満がたまってたらしいんですよ。それを抑えつけるためなんでしょうかね、知家が義幹をハメる前と後に、同じ常陸国の武士たちがいろいろイチャモンつけられて領地を没収されたり、晒し首にされてるんですよ。

実は時政が頼朝暗殺の黒幕だったとかじゃなくて、時政は逆に頼朝、知家と連絡をきっちり取り合って、仇討ちの情報を共有して、義幹や常陸国の御家人たちを次々にツブそうとしたんじゃないか、といわれてるんですよ、最近では。ええ。

で、その続きはというと、この3人の思った通りには必ずしもいかなくてですね、もっとややこしい事が起こっちゃった。それがこの巻狩りの3カ月後の8月に起こった、頼朝の弟・範頼の謀反事件なんですね。

本当は、弟・範頼をかついで頼朝を倒すクーデターだった？

これには前振りがありましてね、曽我兄弟の仇討ちのさなか、大混乱の中で「頼朝が討たれた」っていう誤報が入って、政子が狼狽して泣くわけですよ。その政子に向かって、「いや大丈夫、兄貴が死んでもオレがいるから」みたいなことを言った、ってことになってて、それが疑いを招いたっていうんですけどね、ほんとかよって話ですよ。

で、その後に頼朝へ「忠誠を誓う」って書いて出した文書にイチャモンをつけられ、範頼は結局、頼家みたいに伊豆の修禅寺に流されて、やっぱり殺されるんですよ。

実はこの仇討ち、仇討ちに留まらずに範頼をかついで頼朝を倒すクーデターが起きてたんじゃないかともいわれてるんですよね。この時期になぜか出家した人物が２人いて、一人は流人時代の頼朝と娘の間にデキた子どもを殺した伊東祐親、もう一人は、後でお話ししますけど、頼朝の服をめぐって上総介広常と大ゲンカしかけた岡崎義実。この２人が首謀者じゃないかって言われてますね。

範頼は、なんか世の中で扱いが軽いんですよ。『草燃える』の山本寛さんも、あんまり出番なかったし。やっぱり義経がヒーローになったあおりを食ってるんですよ。なのに、源平合戦では鎌倉の主力軍を率いて九州を征伐し、義経と連携して平家を東西から挟み撃ちにして、壇ノ浦で討ち滅ぼした大功労者なんですよ、実は。

昔は義経に比べれば、何だか凡人扱いされてましたけど、最近ではやっぱり優れた指揮官だったって、評価も上がってるんですよね。大河の『義経』だと、石原良純さんが、戦上手ではないが人柄がよくて周囲に合わせる処世術に長けた範頼を演じてました。『鎌倉殿』では迫田孝也さんですか。迫田さんなら、今までと１８０度違う範頼にするかもしれませんね、三谷さんはね。

結論

根性がなきゃ文官はできない。
賢くなきゃ御家人は務まらない

第4章

濡れ衣、謀殺、暗殺……
普通に死ねなかった
御家人たち

（御家人編Ⅱ）

上総介広常

千葉常胤

梶原景時

比企能員

畠山重忠

北条時政

必見！　アウトレイジな生きざま、死にざま

負ければ、家族や血のつながった者が皆殺しに

鎌倉の御家人たちのアウトレイジな生き残りトーナメント。この勝ち抜き戦はほんと、負けたら自分だけ左遷ですめばラッキーなほうで、最悪で家族や血のつながった人たちもみんな殺されちゃいます。しかも、何がそのきっかけになるかさえわかんないんですから。左遷っていえば会社や役所での異動くらいしか思い浮かばない今どきの生活からじゃ、想像できないくらいピリピリした毎日だったんじゃないですか。

この御家人たちの中でも、普通に死ねなかった者たちの生きざまと死にざまを、一人ずつなぞっていきますすね（★は13人メンバー）

1180年5月、以仁王・源頼政が挙兵、敗死
8月、源頼朝、伊豆で挙兵。石橋山で大敗
10月、頼朝が鎌倉入り。富士川の合戦で平家に初勝利
1181年2月、平清盛病没。64歳

●上総介広常　1183年12月暗殺　?歳＝佐藤浩市

1185年　壇ノ浦の戦い　↓　鎌倉幕府が実質成立
1199年1月、頼朝事故死?　頼家、第二代将軍に

★三浦義澄　1200年1月病没　74歳＝佐藤B作
★梶原景時　1月自害　61歳＝中村獅童
★安達盛長　4月病没　66歳＝野添義弘
●千葉常胤　1201年3月病没　84歳＝岡本信人
★比企能員　1203年9月暗殺　?歳＝佐藤二朗
●仁田忠常　9月暗殺　37歳＝高岸宏行

9月、北条時政、初代執権に
1204年7月、源頼家暗殺　23歳

●畠山重忠　1205年6月戦死 42歳＝中川大志
閏7月、北条義時、第二代執権
★和田義盛　1213年5月戦死 67歳＝横田栄司
★北条時政　1215年1月病没 78歳＝阪東彌十郎
★八田知家　1218年3月没 77歳
1219年1月、源実朝暗殺 28歳
1221年5月、承久の乱
★北条義時　1224年6月病没 62歳＝小栗旬
1232年8月、御成敗式目の制定
1239年2月、後鳥羽上皇病没 60歳
●三浦義村　1239年12月病没 72歳？＝山本耕史
★足立遠元　（没年不明）＝？

上総介広常・千葉常胤

房総の2大豪族。強力な助っ人の明暗

17騎で約500騎を蹴散らした武闘派の一人

　このトーナメント戦が本格的に始まったのは、頼朝が急死した後なんですが、その前触れが上総介《かずさのすけ》広常の暗殺ですね。広常は現在の房総半島の真ん中あたりの上総一国すべてと、北の根っこのほうにあった下総の一部（安房は南の先っちょのほう）で力を持っていました。「介」の字があるから、上総国の実質的な国府のトップだったんですよ。

　石橋山で惨敗して、いったん軍を解散してからバラバラに海を渡って安房まで逃げてきた頼

朝に、広常は関東の御家人の中ではケタ違いの2万騎もの大軍で加勢して、後で清盛に「頼朝が力をつけやがった第一の元凶はこいつだ」と名指しされてますね。武闘派で、保元・平治の乱では頼朝の父・義朝や頼朝の兄・義平の下で戦いまして、『13人』メンバーの三浦義澄、八田知家とともに重盛が率いる約500騎を蹴散らした〝悪源太義平と16騎〟の一人として大奮戦したんですね。

平治の乱で源氏が負けてからは、平家側に下ったんですけど、父・常澄が死んで兄弟ゲンカでゴタゴタして、さらに平氏方の別の豪族、伊藤忠清ともモメたために、清盛に縁を切られるわけです。まあ、源氏方につく動機は十分過ぎるくらいあったわけですよ。

東京湾をぐるっと左周りする〝奇跡〟のキャラバン

広常役は、『草燃える』では当時すでにベテランでイカツい風貌の悪役が多かった小松方正さん、『鎌倉殿』では佐藤浩市さんがやるんですね。演じる俳優は重量級、兵力も御家人の中でダントツ。それにしては広常って、平安末期から鎌倉時代にかけての歴史の中ではちょっと影が薄くありません？

それはかなり早い時期、源平の戦いで壇ノ浦の戦いを迎えるより2年も前に、暗殺されたからなんですよ。御家人が続々と消えていく〝サバイバルゲーム〟が本格的に始まるのは幕府が開かれて、さらに頼朝が死んだ後からでしたからね。手勢の数からいけばナンバーワンだった広常は、なんで早々と消えてしまったんでしょうかね？

今の神奈川県小田原市の石橋山で惨敗した後、頼朝を主とする数人は命からがら逃げてですね、箱根を通って、真鶴岬から地元の豪族、土肥実平の手引きで小舟に乗り、房総半島の南の先っぽの安房国で、先に来ていた三浦一族と合流するんですよ。

で、その安房を出発点として、東京湾を中心に房総の3つの国を安房、上総、下総と通っていって武蔵国に入って、そして相模国の鎌倉まで、数カ月でぐるっと左回りに回っていくんですね。その途中で現地の豪族たちを根こそぎ味方に引き入れて、兵力が雪だるま式に膨れ上がっていくんですよ。鎌倉に到着した時には、頼朝軍はなんと2万7000騎に上ったそうで、この〝奇跡的〟なキャラバンが鎌倉幕府のベースになっていくんですね。

「父の代から源氏です」

ここで大きかったのが、勢力約2万騎といわれ上総を支配する広常と、下総で広常の支配地の残りを支配する千葉常胤の2人を味方に引き入れたことなんですね。その説得のため、頼朝は広常に和田義盛を、広常の又従兄弟でもある常胤に安達盛長を遣わします。

2人が最初に頼朝の前に出向いた時期と場所がちょっとはっきりしないんですけど、まず常胤は、保元・平治の乱ともに源義朝の下で戦い、義朝の縁者の子を平家の目を盗んでひそかに育てていたっていうくらいの〝源氏命〟の人。胤正・胤頼ら息子たちとともに盛長を丁重に迎え入れて頼朝からの言伝を聞くんですけど、すでに60歳を超えていた常胤はじっと黙ったまましばらく反応がなくてですね。胤正と胤頼がせっついたら、常胤は「オレの心中はもう決まっとる。感激の涙が口をさえぎって、言葉が出ないんだ」。この時、常胤は頼朝が相模国の鎌倉を拠点にすることを勧めたそうなんですよ。三方を山に、もう一方を海に囲まれた天然の要塞ってことで、目を付けてたんでしょうね。

こういう「父の代から源氏です」っていう人たちはたくさんいたんでしょうけど、常胤みたいに兵力を持ってるならともかく、土地も兵隊も持っていない老いぼれとなると、頼朝もあんまり厚遇したくないんじゃないですかね。そりゃ、一回くらいは泣くでしょうね、そういう人たちは。「うわーん（涙）祖父の代から源氏でした」って。でも、「ヘイタイ何人くらいで来たの？」「6人です」……うーん、お気持ちは嬉しいんだけどね、みたいな。

頼朝軍が富士川の戦いで平家軍に初めて勝った翌日、黄瀬川の頼朝陣営に一人でひょっこり現れた義経なんて、手ぶらでしたからね。兄の頼朝と「涙の対面」してますけど、普通はあんまり歓迎されないでしょ。「義経です」って言ったって履歴書も昔の写真も身分証もましてDNA鑑定もないのに、本当に弟なのかわからないと思うんですよ。「わざわざ会いに来ました！」とか、「それは秘密です！」なんて言って出てこられても、ねえ。もしウィキペディアなんかがあったら、それ読んだ奴が何人も来ますよ。「私が義経です」っつって。そういう時は本人しかわかんないクイズを出さないとね。「ホンモノの義経は誰だ!?」クイズ。徳川吉宗の息子を名乗ったけど、証拠が何一つ出てこなかった天一坊という山伏は、死罪になってますよ。

傲岸不遜…馬に乗ったまま頼朝に挨拶

ところで、広常はというと、常胤とはだいぶ違いましたね。『吾妻鏡』だと頼朝が今の東京・隅田川の川べりに陣営を構えていた時に、2万騎を率いて出向いたことになってます。この時、広常は大庭にボロ負けしてオレに助けを求めてきやがった若造が、「よくぞ来てくれました！」とか言って大喜びするだろうと思っていたんですね。広常自身は生まれた年がはっきりしないので、この時いくつだったかわかりませんが。

ところがその頼朝に、逆に遅刻をとがめられたんですね。「遅いッ！」とか一喝されたんでしょうかね。そしたら、「大した男じゃなかったら、逆に討ち取ってやろうと思ってたが、違った。あっぱれ大将の器だわ」と、すぐに頼朝に服従したそうです。

うーん、でもなんかプロレスっぽいですよね。腹の底から頼朝を慕ってたかっていうと、ちょっとねえ。実はまた別のエピソードがありましてね、鎌倉入りした頼朝が、納涼で三浦の佐賀岡の浜——今の地図で見ると神奈川県葉山町の、御用邸が近い一色海水浴場辺り。昔からセレブの集まる土地だったんですねえ——に来ていた頼朝の下に、広常は郎従50騎を従えて来たことがあったんですね。

その時、その郎従が全員馬から下りて、砂浜にへへーっと平伏してるのに、広常だけ馬から下りないんですよ。馬上から敬屈《けいくつ》、つまり腰を深く曲げてお辞儀はしたんですけど、馬からは下りないわけです。〝頭が高い〟わけですよ。

その場にいた頼朝の近習の一人、三浦義連《よしつら》――当時の三浦家当主・義澄の弟ですから、古株ですね――がその無礼をとがめたら、広常は「当家ではいまだ、公私とも三代の間、下馬の礼を取ったことがない」と言い放ったんですね。

広常の人柄や性格は、こういう大兵力をカサにきた傲岸不遜とか唯我独尊のエピソードばっかり。確かに他の御家人と比べたら兵力のケタが違いますから、「オレがいなきゃ、平家となんか戦えねえぞ」ってちょっと天狗になってたんでしょうね。

もう一つ、広常がこういう態度を取れる理由がちょっとありましてね。広常の父・常澄が、かつて頼朝の父親の源義朝をバックアップしていたことがあるようなんですよ。義朝が少年時代を上総で過ごしていたことがあって、「上総御曹司」って呼ばれてたんですが、この頃は上総氏が義朝の後見人のような役回りだったんですね。その頃は、常澄も健在だったはずです。頼朝にとっては、「死んだオヤジが世話になった人の御子息」ってことでも、広常の扱いづらさを感じていたんでしょうね。

佐藤浩市さんの広常は、『新選組！』の芹沢鴨？

広常は他の御家人に対してもまあ、無礼そのものでしたね。鎌倉の三浦家の館に頼朝が来て飲み会になった時、三浦義明の弟の岡崎義実——超古参ですね——が頼朝の着ていた水干《すいかん》を欲しがったんですよ。水干は礼服とかじゃなくて、わりとざっくりした服なんですけど、頼朝がOKしたので、義実は嬉しくて、渡された水干をその場で着たんですよ。

そうしたら、同席していた広常が「そんな立派な服を着るのはオレのほうがふさわしいだろう。あんたみたいな老いぼれがもらうなんて、とんでもない」って言って、激怒した義実とつかみ合いのケンカになりかけたんですね。

頼朝は黙っちゃったんですが、義実の甥っ子の義連が「年甲斐もない」と義実をいさめてから、広常にも「あなたの言う事は道理が通らない」と注意します。主から、自分以外の誰かが何かもらった事に嫉妬して、しかもそれを隠すことができないっていう程度だったら、まだ可愛げがあるんでしょうけど、そうでもなさそうだし、こういう言動が後で命取りになっていったんじゃないですかねえ。

同志たちの中で力はダントツだけど、傲慢で傍若無人に振る舞い、最後は悲劇的な死を迎える――ちょっと前の大河にも、同じ佐藤浩市さんが演じたそんなキャラがいましたね。『新選組！』（２００４年）の芹沢鴨。カッコいい悪役でしたよね。しかも、原作・脚本が同じ三谷さんですよ。乱暴狼藉やりたい放題なんですけど、神道無念流の使い手で、新選組の中で敵対する近藤勇、土方歳三、沖田総司ら若い近藤派が超えなきゃならないカベ、みたいな役回りでしたね。最後は愛人といっしょに近藤派に暗殺されるんですけど、三谷さんは広常を、若い頼朝が乗り越えなきゃならない、カッコいい悪役にするんでしょうかね。

双六の最中、景時に咽喉を切られて暗殺された

頼朝軍は、頼朝と同じく以仁王の令旨を受けて挙兵した甲斐源氏四代目・武田信義軍――あ、武田信玄の先祖ですね。木曽義仲とはまったくの別人ですよ――と合流して、石橋山での大敗からわずか数カ月後の１１８０年10月、富士川の戦いで平家軍に

初めて勝つんですね。よく知られている「平家軍が夜中に水鳥の羽音に驚いて逃げた」っていう不戦勝で、全国的に「なんだよ平家、大した事ねーじゃん」ってなって、あっちこっちで平家打倒の動きが始まった歴史の折り返し点ですよね。ちなみに、この時黄瀬川にあった頼朝陣営に一人でやってきた義経が、兄の頼朝と「涙の対面」を果たしたのは、この合戦の翌日でした。

鎌倉軍がそこから平家をツブすべく一気に上洛したかっていうと、そうはしなかったんですね。関東より北の事情に詳しかった広常と常胤が、「西に行く前に、東を固めろ」っていうアドバイスに、従わざるをえなくなったんですよ。広常は今の茨城県が拠点だった常陸源氏の佐竹義政・秀義兄弟を「討て」と主張するんですね。同じ源氏なんですけどね。広常は義政をおびき出して殺して、頼朝軍は秀義が立てこもった金砂城を、苦戦の末に落とします。

これで頼朝は平家討伐のための西行きに専念できる態勢にはなったんですけど、佐竹撃破から3年経った1183年に、鎌倉の営中で広常が梶原景時と双六《すごろく》のプレー中、対面の景時に、ボードの向こうから刃で頸をかき切られて、広常はあっけなく命を落とすんですね。跡継ぎの能常にも討手が向けられて、自害してるんですよ。もちろん、頼朝の指示でした。景時と頼朝との間で、「……何とかせねばならんなあ……」「……何とかしましょう」っていうアルアルな会話が交わされた事は、想像に難くないですよね。あ、この頃の双六って、お正月にみんなでやってたようなのと違って、バックギャモンみたいな2人でプレーするやつですね。

いちおう「謀反の疑い」っていうのが、広常暗殺の直接の名目でしたけど、それはすぐ晴れています。上総の領地は、後から千葉常胤と和田義盛に分け与えられました。広常の2万騎の手下がどうなるか、ちょっと気になりますけど、特に兵が反発したような話は何も伝えられていないので、主の交代をそのままクールに受け容れたんでしょうね。

朝廷の指図を受けない東の国を目指した？　広常

やっぱりエラそうだったり何でもハッキリ言っちゃったり、めんどくさい人がすぐ消されるっていうのはその通りでしょうね。ただ、広常が殺されたのは、そういった理由だけではどうもなかったみたいなんですよ。
暗殺から7年後の1190年、幕府が事実上始まった1185年からもう5年経ってますけど、初めて上洛した頼朝が後白河法皇と面会するんですね。それはそれは積もる話もあったはずですけど、その時に頼朝が広常についても語ってるんですよ。

「私が挙兵して法皇の敵を討つことができたのも、広常を味方につけることができたからでございまして。非常に功績のある者でした。が、『このオレがついてるのに、どうして朝廷や皇室のことばかりに、そんなに見苦しく気を使うんだ？　オレたちが坂東で何をしていようが、それをジャマできる奴なんかいないだろ』などというのが口癖の、謀反の心を持つ者でございました。こんな男が手下にいては、私まで神仏のご加護をなくしてしまいそうなので、殺してしまったのです」

要するにですね、広常がもっと昔の平将門が目指したみたいな、朝廷の指図を受けない国家のようなものを坂東に建てようと思っていたフシがあって、それは私がやりたいこととは違います、だから殺しました、というわけですよ。

これ、ほんとに広常がそう考えてたなら、頼朝の目指してたものとちょっとカブりますよね。『風と雲と虹と』で加藤剛さんが演じた平将門は、貴族社会のワイロ横行が気に入らずに決起したマジメで一本気な革命家でしたから、オレがオレがで唯我独尊の広常とはだいぶ違いますけどね。もちろん、話した相手が後白河法皇ですから、頼朝が「私は皇室や朝廷には歯向かいませんよー」とアピールの引き合いに出してるだけかもしれませんけどね、ええ。

ただ広常が暗殺されたのって、頼朝が「十月宣旨」を朝廷から受けて、東国の支配権を事実上認められたすぐ後だったんですよ。その支配権をおびやかす兵力があって、下手すりゃ背いてきそうな広常を、頼朝は危ない奴と見て早めに消しといたって事なんでしょうね。

梶原景時

頼朝への〝チクり〟が嫌われて追放された文武両道男

敵にいながら石橋山で頼朝を助けた

頼朝が死んだ鎌倉で起こった御家人サバイバルで、まず最初に〝脱落〟したのが、梶原景時でしたね。13人の合議制ができたきっかけは、頼家の好き勝手は確かにそうなんですけど、頼朝のお気に入りだった大江広元・中原親能の兄弟と景時の3人に権限が集まってたので、他の御家人の不満がガスみたいにたまってたこともあったんですよね。この3人だけじゃなくて、もっとみんなで、13人で物事を決めようってわけですよ。

将軍の座に就いた頼家は、自分の奥さんの実家である比企氏とこの景時を、ずいぶんと頼りにしていたようですね。その景時ってほんとはどんな人だったのか、お話ししますね。

景時のエピソードでまず有名なのは、やっぱり石橋山。頼朝が伊豆で挙兵して最初の戦いですよ。平家本隊じゃなくて外注に過ぎなかった大庭景親の軍に、石橋山でコテンパンにやられ、頼朝たちはわずか6騎で倒れた木の洞穴に逃げ込むんですね。今の神奈川県の湯河原辺りらしいです。この時、景時は敵方の大庭軍のほうについて戦ってたんですけど、頼朝を探し出す山狩りをやってた時に、大庭景親に「ここがアヤシイ」と言われて探しに入った木の洞穴で、景時は頼朝を見つけちゃうんですよ。もう終わりだ、と頼朝は自害しようとしたんですけど、景時は「お助けしましょう。もし戦に勝ったら、その時は私の事を忘れないでくださいね」みたいなことを言って、その場から立ち去るんですね。で、大庭には「中はコウモリしかいないですわ。あっちの山のほうがアヤシイ」。大庭が洞窟に入ろうとしたら、「オレを疑うのか。それでは男の意地が立たん。入ったらタダじゃすまんぞ」とドーカツまでするんですよ。

そこに大庭が未練がましく弓を2、3回突っ込んだら頼朝の袖に当たった、という話もあるんですけど、『草燃える』じゃ、景時が先っぽに蜘蛛の糸をからませた木の枝を見せて、「中は真っ暗。蜘蛛の巣だらけだ」と言ってゴマカしてましたね。頼朝とは政子をめぐる恋敵だった伊東祐之が、「いるのかよ？　そこに誰かいるのかよ！」と何度も怒鳴ってましたけど、大庭があきらめて立ち去ったので頼朝は九死に一生を得たわけですよ。

安定した大手に留まるか、不安定でも中小に移るか

頼朝といっしょにいた側近に景時と仲がいいのがいて、「あれは何て奴だ？」「梶原平三景時です」つって。景時にとっては人生の一大転機だったわけですよね、この件は。まあ、大庭がほんとにあきらめて去っただけなのかもわからないですけど、「これからは頼朝が来るな」ってことを読んでたわけで、景時も〝鼻〟は利いたんじゃないでしょうかね。

景時は何かしら頼朝に期待したからこそ、命がけで守ったんでしょうね。あの頃の伊豆や関東の豪族は、いちおう平氏側ってことにはしてるけど、恩賞もたいしてもらえないし、源氏でも平氏でもいいという、なんかこう、無党派層なんですよね。小早川秀秋じゃないけど、どっちについてもいいような。伊豆の豪族の若い連中が「頼朝

かついで暴れましょうよ」、でもそのお父さんたちは「まだわかんないよ、あんなの」「どうしようもない流人だよ」って。

その流人が30歳くらいになったところで、「このまま給料変わんない平家の下にいるより、リスクあるけど給料10倍になるかもしれない源氏に乗ってみるか」っていう流れだったかもしれませんね。結局、私利私欲が動機だったと思いますけどね。安定した大手テレビ局の平社員のまま家族を養うか、会社を辞めて、不安定だけど番組を任せてもらえるプロデューサーとして迎えられる中小に移るか、みたいなね。ここでどうするか、という部分はあったんじゃないですかね。これから時代が変わりそうだ、オレにも運が向いて実入りが増えるかもしれないから、こっちについていこう。そういう意味で残ったのが御家人たちだと思うんですよ。

戦の後のリポートがしっかりしてた

景時は他の御家人の悪行をチクったり、讒言したりしたっていうんで、悪役のイメージが強いですよね。でも実際は、文武両道の優秀な人だったみたいですよ。宇治川の合戦で鎌倉軍が木曽義仲の軍と戦った時、景時父子も参戦したんですが、戦のあとに武将たちが頼朝に上げたリポートが、義経のも含めてどれも「勝ちましたー」くらいのざっくりしてたものだったのに、景時のだけすごく細かくて、義仲を討ち取った場所やその時の状況、討ち取った敵の武将の氏名などなどがびっしり書いてあったんですね。

それだけ賢くて、しかも詠んだ歌が『武家百人一首』にも選ばれて載ってるくらいですからね。さらにさらに、頼朝が上洛、要は京都に行く時は「京都に詳しい奴」って事で重宝されるわけです。『草燃える』の景時役の江原真二郎さんって、奥さんが中原ひとみさんで、家族4人でライオンの「ホワイト&ホワイト」のCMに出てた歯磨き家族でしたね。サラリーマンの家庭の「いいお父さん」ってイメージで、確かにその通り、常識があって賢い人ではあったのかもしれませんよね。

天才・義経から「役立たず」呼ばわり

景時のことで、特に知られてるのは義経との対立でしてね。義経の転落は、景時が頼朝にあれこれ吹き込んだから、っていうのが昔からの通説ですけど、なんせ相手は「天才・新庄」ですからね（笑）。普通の人じゃない発想をするから面白いんだけど、景時はたぶんそういうのに頭からダメ出しする秀才タイプなんですよ。

ボクは朝日放送『探偵！ナイトスクープ』に出演するために大阪に行った時は、梅田の中之島のほうのリーガロイヤルホテルに泊まっていたんですけど、その辺りを散歩すると、近くに「逆櫓の松」っていう碑が立ってましてね。そこは源氏の軍が屋島の戦い――那須与一が平家軍の船の扇子を矢で射貫いた有名な戦いですよね――の前に幹部たちが軍議をやった場所でしてね、昔は古い松が生えていたんだそうです。

その軍議中に、景時が逆櫓、つまり逆向きに進むための櫓を船の前の部分につけようって言い出したんですね。「船は馬みたいに自在に動けないから、後ろにも漕ぎ進められるように」と。それを義経がハナで笑うわけですよ。「初めっから逃げることを考えてどうする。オレらの船にそんなもんは要らない。あんたの船にでもつけときゃいい」。

景時も黙っちゃいなかったですね。「進むか退くかをちゃんと見極めて、自分の安全をキープしながら敵を打ち破るのがいい将軍なんだよ。あとさき考えずに突進する奴を、イノシシ武者って言うんじゃボケ」と、ご主人様の弟を脳筋のケダモノ呼ばわりですよ。でも、義経は「イノシシだか鹿だか知らねーが、戦は攻めに攻めて勝つもんだろ」とまったく取り合わない。

で、結果はよく知られている通り、義経の船団は暴風雨の海で、普通なら3日かかる道のりを一晩でクリアして屋島に着くと、あっという間に平家軍をツブしちゃうんですね。景時の船団が現地に到着したのは、もう戦が終わって平家軍が逃げていった後でした。

だから景時は、義経に「六日の菖蒲」って言って笑われます。五月五日の端午の節句に使う菖蒲を、翌日になってから持ってくる役立たずってことですね。常識からいえば慎重な景時のほうが正しそうですけど、結果がこれじゃ赤っ恥ですよ、景時もね。ボクはここの碑の前を通り過ぎるたんびに、「景時と義経が争ったんだよな、ここで」と思い出すんですよね。今と違って、昔は大阪のあの辺りも海が近かったのかもしれませんね。

義経って、相当わがままだったんでしょうね。人格者でも何でもなくて、エラそうな態度が目に余る人だったかもですね。イケイケドンドンの戦は、うまくいけばいいですけど、いつもそううまくいくとは限らないから、ああいうタイプに仕事を任せると、ちょっとこう、怖いところはありますよね。景時は、常々それをヤバいと感じて、だから頼朝にあれこれ言って正そうとしてたのかもしれませんね。

〝お笑い界の頼朝〟は、たけしさん、紳助さん。義経は？

『鎌倉殿』では、サイコパスっぽい義経だとして（笑）、菅田将暉さんですか。もう平家を倒す、戦で勝つことしか考えていない人間ですからね。戦のあとのマツリゴトをどうするかをきっちり考えてる頼朝とか景時とか、少し遅れて北条義時なんかとは全然違うんですよ、やっぱりね。ええ。1980年代の漫才ブームで勝ち抜いてトップに立ったB&Bさん、ザ・ぼんちさんのお二組なんかが義経なら、頼朝に当たるのは、ブームがひと通り落ち着いた後、レギュラー何本持つとか一人になって何をしようとか、先々を考えて手を打って生き残った、ビートたけしさんや島田紳助さんでしょうかね。

要は、『ドラゴン桜』とか『学問のすゝめ』じゃないけど、勉強しなきゃ勝てないんですよ。ほんとに。たけしさんや島田紳助さんみたいにね。しっかり本を読んで、いろんなことを試してみて、考え方もしっかり学んで、諸先輩はこうやって失敗したとか、どうやって勝ったかとかね、そういう歴史もちゃんと知っておかないと。

たとえば、頼朝や景時にしてみれば、清盛は病気で死んでくれたほうがいいわけですよ。わざわざ自分たちで何か手を出さなくても。「不戦勝だ」って喜んでるわけです。御家人たちといっしょに。「戦わずして勝ったよ」って。でも、義経にしてみれば清盛を自分で殺して初めて勝ちなんであって、不戦勝で喜んだり、自分らの土地で自分らの一族だけ潤うようなことばっかり考えてる御家人のことを見てて、納得いかなかったんじゃないですかね。

でも、そういうところが純粋でいい奴に見えるから、世間では景時や頼朝より断然義経をヒイキにする人が多いんでしょうね。

景時は、奥州で討ち取られた義経の首実検にも、和田義盛といっしょに立ち会ってます。これ、酒漬けにしてたって、どうしても臭うんですよ、ものすごく。で、もう誰だかわかんないと思うんですよね。だから、ろくに見ないうちに「義経で間違いないっす」って言っちゃいますね、ボクなら。『草燃える』でもそんな感じでしたよ。

頭はいいけど、ちょっと細かいことをやり過ぎるんでしょうかねえ、景時は。いくら意見が分かれたからといって、主君である頼朝の弟ですよ？　それを逐一ね、讒言のように悪いこと書いた手紙を逐一出すわけですよ。スパイみたいですよね。裁判長か弁護士みたいな役回りが合ってたんじゃないですかね。景時は御家人を仕切る侍所のトップを務めてたわけですけど、こんな人が上にいたんじゃ、やりにくいですよねえ。

今でいったら、偏差値高いし口は達者だし、運動神経は抜群だし、都会派で音楽とか文学とかアートにも詳しいし、上司には可愛がられてる。でもやたら細かくて口うるさいなんていったら、もうね、絵に描いたようなイヤな奴じゃないですか。他の田舎武者的な御家人たちや義経のような荒くれとは、とてもじゃないけど合わなかったと思いますよ。自分でも気付かないうちに、すごい数の人たちから嫉妬を買いまくってたんじゃないですかね。

タッキーの『義経』じゃ、中尾彬さんでしたよね。長男の景季《かげすえ》が小栗旬さんでしたけど。『鎌倉殿』は中村獅童さんですか。もう、非常にいいんじゃないですかねえ。何というか、大河ドラマなら、信長の家臣の柴田勝家をやるような人が景時役にはぴったりきますよね。陽気な秀吉と何となく合わないカタブツ。信長に秀吉の悪口をいいつけてそうな奴ですね。

でも、やっぱり何人もぶっ殺してきたサムライ

ただ、景時の名誉のために言っときますけどね、上総介広常を手ずから暗殺したのは景時ですし、さらに「梶原の二度駈け」っていう武勇伝が残ってましてね。一ノ谷の合戦――義経が崖から逆落としの奇襲攻撃をかけた一戦ですね――で、息子3人といっしょに500騎を引き連れて平家軍の城砦に突入、斬り合いながら突っ切っていったんですよ。

すると、跡継ぎの長男・景季が深入りしたまま、姿が見えない。景時は「源太（景季）が死んだら、オレが生きている意味がなくなる」と、部下が止めるのを振り切って、もういっぺん馬で敵の城砦に突っ込んでいくんですよ。で、馬を射られて部下といっしょに徒歩で5人の敵兵と戦っている源太を見つけて、助太刀しつつ敵兵3人を討ち取って、景季を自分の馬の後ろに乗っけて駆け去るんですよ。

敵の中に突っ込んでくったって、運動会の騎馬戦じゃないですからね。相手はみんな目をこうね、血走らせて、弓矢ぶっぱなすわ刀を振り回すわの、ギラギラのおっさんたちが向かってくるわけですからね。いくら賢い常識人っていっても、やっぱり自

分の手で人を何人もぶっ殺してきたサムライなんですよね、ええ。

御家人66人！　に嫌われて追放された

結局、頼朝が死んで頼家にも一時頼られたものの、景時は一気に追い出されます。他の御家人からは相当恨まれてますよね。二代目の座に就いた頼家が、早々と権限を取り上げられて13人の合議制になって、景時もその一人に収まるんですけど、頼家と御家人たちがしっくりいかずに不祥事が続きましてね、それを御家人の一人の結城朝光が嘆くんですよ。「忠義心のある家臣は一人の主君にしか仕えない。頼朝公が亡くなって出家しようかとも思い悩んだが、頼朝公の御遺言でそれができなかった。それが今となっては残念だ」と言ってね。これ、確かに頼朝の言う事は聞いたけど、頼家の言う事は聞けない、と言ってるように聞こえますけど、景時はこれを頼家に言いつけて、まだ30歳かそこらの朝光に対してペナルティを与えるように勧めるんですね。

これに怒ったんですよ、他の御家人たちが。怒って、何と和田義盛を筆頭に66人分の連判状を頼家に提出して、景時を追い出すよう要求するんですよね。頼家がその連判状を景時に渡すんですよ。『草燃える』だと、郷さんが江原さんの景時に「鶏を盗むタヌキ、家畜を盗むオオカミと言われるくらい嫌われてるぞ」と言っちゃう。景時もショックだったでしょうけど、言い訳はせずに相模の国の自分の領地まで引っ込みましたけどね。

一度は鎌倉に戻るものの、やっぱり御家人たちが景時追放令を出して、義盛・義村が鎌倉にあった景時の館をぶっ壊すんですよね。景時が一族を率いて京都に上洛しようと相模の国を出たところで、駿河の国の清見関っていうところで、かつて石橋山の戦いで、景時と同じく大庭軍にいながらひそかに頼朝をバックアップしていた飯田家義っていう武士と鉢合わせしましてね、長男の景季、次男の景高、三男の景茂が戦死、景時は自害。61歳でした。ただ、悪役で知られる景時を、その最期まで描いたドラマは『草燃える』が最初だったんじゃないかと思います。

世間の人はどうしても判官びいきだから、義経をヒーローにしたがりますよね。だから、景時は実際より悪く言われてるところはありそうで、『鎌倉殿』では景時、すごくいい人になってるかもしれないですね。実際、チクり魔みたいに言われてる景時が、逆に頼朝に嫌われた有能な御家人や死刑を命じられた敵方の捕虜を、頼朝を説得して何人も赦免させたりしてるんですよ。景時が死んだと聞いたその御家人が、恩に報いるために「梶原塚」を建てて、それが今も残っていたりね。

ただまあ、そうは言っても、景時は自分が可愛がる人と、嫌う人とをはっきり分けていたのかもしれないですよね。だとしたら、気付かないうちに敵を増やしてたんでしょうね。そう考えると、景時は柴田勝家というより石田三成タイプでしょうかね。優等生で有能で、他人のいろんなことがいちいち目について許せなくて、いろんなことを頼朝に讒言するんだけど、主の頼朝が死ぬとこう、居づらくなるんですよね。三成にとっての秀吉みたいに、かばってくれる人がいなくなるから。担任に好かれる学級委員がクラスメイトに嫌われるとか、社長が可愛がってた社員が、社長が引退してから「あいつ、社長のアレだからよ」と言われるようになる、みたいなね。

何でもかんでも規則に忠実に、きっちりやり過ぎる人間っていうのは、結局はやることの度が過ぎちゃうんですね。「何月何日に何があって、こうだろう」「暴力を振るっただろう。オレの日記にはこう書いてある」「お前は警察にいかなきゃいけない」ってネチネチ言って解決するっていうやり方はやめたほうがいいんですよね。人を陥れる人間っていうのは、人に陥れられるってことですよね、結局は。

比企能員

頼家の〝後見役〟。北条に暗殺された最大のライバル

「政子、黙ってろ」ぐらいは言えそうな実力派

景時と並ぶ北条のジャマ者という意味じゃ、比企一族はその最たるもんだったんじゃないですか。他の御家人とは全然違うんですよ。北条の対抗馬ですよ。持ってる領地も広くて裕福だし、頼朝の乳母の一人、比企禅尼は比企一族、その甥っ子が能員で、その娘が頼家の妻の若狭局。しかも、頼家との間に一幡も生まれてますからね。もしかしたら、比企一族が滅びずにいたら、源氏の将軍は三代では終わらなかったかもしれませんよ。しかも三代目は実朝じゃなく

て頼実、「頼＝ヨリ」の名前が続いてたかもわかりません。五代目頼義とか、一五代の頼光が足利尊氏に〝大政奉還〟する、みたいなね。もちろん架空の話ですよ。まあ、同じ源氏どうしで戦わないでしょうけどね。

比企一族がいれば、北条に余計なことはさせません。お前ら黙ってろ、オレは源氏の老舗でずーっと家来やってんだ、お前ら北条みたいなポッと出とはわけがちがうんだ、みたいなね。「政子、黙ってろ」ぐらいは言えそうな対抗馬。源氏の運命が大きく変わったのは北条がのしてきたからですよ。北条のやり方って、ちょっと汚いですよね。

何度かお話ししましたけど、比企一族は頼朝が伊豆に流されて、まだやっかい者扱いされてた頃でも決して見捨てず、生活物資を届けて頼朝をずっと支え続けていたんですね。

頼朝と政子との間に頼家が生まれると、その乳母を選んだのは能員でしてね。比企家の勢いはそのあたりが絶頂期。ただ、そのバックアップしてた頼家が若いうえに、好き勝手にやり過ぎたんですね。

二代将軍の座に就いた頼家の一番の仕事は、頼朝がやってたのと同じで、御家人や御家人どうしの領地関係のイザコザを裁く事なんですけど、頼家のやり方、かなりひどかったんですよ。誰かの土地の境界線をめぐる裁きで、頼家はいきなり地図に墨で一本、勝手に境界線を引いておいて、「どっちが広いか狭いかは、お前らの運次第だ。これからは、めんどくさいからこうやって決める」ですよ。

戦場で血を流しながら、命がけでむしり取るのが領地じゃないですか、御家人にとっては。頼家みたいな戦場に行ってないボンボンには、そこが全然わかってなかったんですよね。御家人たちにしてみれば、自分の領地を安心して持ち続ける保証をもらうために、伊豆の流人のところまでわざわざ武装して駆けつけたようなものなのに、17の若造がカン違いして、その血と涙と汗でつかんだ領地を勝手に削りかねないわけですからね。13人の合議制でこの権限を頼家から取り上げたのは、将軍の座に就いてからわずか3カ月目でしたから、まあ、御家人たちはよっぽどまずいと感じたんでしょうね。

部下の子の愛人を略奪した二代将軍・頼家

就任から半年経った時も、頼家はやっぱりやらかしましたね。比企家と同様に、長年頼朝のそばにいた安達盛長の長男・景盛――『草燃える』では火野正平さん――が愛人を自宅に住まわせたんですね。『草燃える』じゃ妻になる女性って設定になってましたけど。

ところが、頼家の取り巻きの若い衆が、頼家の命令で景盛の留守中に彼の自宅に乱入して、その愛人をひっさらっちゃったんですよ、頼家の愛人にするためにね。しかも、景盛がそれを恨んでいると聞いた頼家が、なんとなんと、「景盛は謀反を企んでる！」って言いがかりをつけて、兵を集めて討とうとしたんですね。

これを聞いて頼家の母、政子がブチきれた。そりゃ当たり前ですよ。火野正平さん、何にも悪くないですから。政子はまず景盛の家に行って彼をなだめすかして、一方で頼家に使者を送ってですね、「景盛を討つなら、まず私に向かって矢を射てからにしなさい！」。さすがですね、政子。景盛にはいちおう、謀反を起こすつもりはないという一文を書かせますけど、もういっぺん頼家をキツく叱るんですよね。郷ひろみさんの頼家が、「母上はいつも私の邪魔ばかりする」と岩下志麻さんの政子にだだをこねてましたね。この辺の肉親どうし、特に頼家の周りの人たちの愛憎ドロドロがスゴかったですよ。

頼家はまだ死んでないのに……北条が動いた

こんな具合なもんですから、頼家が権限を取り上げられたのもまあ仕方ない。頼家が頼りにしたのは、梶原景時と比企能員でしたけど、景時は合議制ができてまもなく追放されて自害し、その3年後に頼家は蹴鞠をやってる最中に病気で倒れて、明日にも死ぬかってところまで病状が悪化したんですね。

北条にとっては、頼家の子の一幡を将軍にしたい比企を出し抜ける大チャンスが来たわけですよ。すぐさま「頼家が死んだから、弟の千幡を次の将軍に据える」と、京都の朝廷に馬で使いを走らせるんですね。まだ死んでないうちにですよ、頼家が。先に朝廷から宣旨をもらうためですね。そういう手配をしといてから、時政が能員にお誘いをかけるんですよ。「仏像供養の儀式をやるので、北条邸へおいでください。また、これを機会にいろいろ話し合いましょう」ってね。

時政が能員にうまく取り入ったんだと思います。「いや、お宅の三郎殿とうちの五郎はほんと仲がよくてね」「いやほんとに」みたいなね。「今度ご飯でも」くらい言ったかもしれませんね。『草燃える』の金田龍之介さん、時政のワルなところの芝居がほんとにうまかったなあ。時政って聞いても、あの人以外の顔が浮かんできません。

竹藪の中に引きずり込まれ、刺殺される

能員の家族は、「時が時だから、ぜひ武具を身につけて、手下を連れていってくださ い」と頼んだけれども、「そんな格好で行ったら、鎌倉中がカン違いして大騒ぎになってしまうわ」と、平服でお供もちょっとしか連れずに時政の自宅へ向かったんですよ。これでもう、運命決まっちゃいましたね。北条邸に入ったとたん、天野遠景と仁田忠常の2人の御家人が能員の手を押さえつけて、そのまま竹藪の中に引きずり込んで殺しちゃったんですよ。もちろん、時政の言いつけ通りですよ。

さらに「比企が謀反を起こした」とか何とか理由をつけて、一幡のいる小御所に軍を送り込んだんですよ。能員が死んだことを知った比企の一族はそこに立てこもって戦うんですけど、ほとんどが戦死するか、その場で自害してしまったんですよ。頼家

の妻の若狭局も、三代将軍になるはずだった一幡も殺されました。小御所で焼死したという説と、いったん逃げたものの義時の手勢に刺殺されたという説がありますけどね。

頼家が政子に「あなたを必ず殺してやる」と

どうです?「仏のためなら北条も比企もないじゃないか」「御家人みんなで二代目をバックアップするいいきっかけになりそうだ」って思って武器も持たずに顔を出す能員の真面目な人柄ですよ。これをだまし討ちにする北条が100対0で悪い。しかも、頼家といっしょに蹴鞠で遊んだ同じ年ごろの御家人の若旦那どうしって、みんなお友達じゃないですか。義時の弟の北条時房なんて、頼家に「おーい、五郎」とか呼ばれてたお友達ですよ。

それをね、頼家の一番大事な一幡をね。本来だったら三代将軍になるはずのね。実朝じゃねーよ、もう。その一幡を火の中に追いやって殺すなんてね。許せます? でもね、一幡が生きていたら、結局は公暁みたいに、実朝を殺しに来るかもしれませんね。

で、怖い話なんですけど、この後に誰もが死ぬと思ってた頼家が何と、病気から回復しちゃうんですよ。まったくの想定外の出来事で、時政も政子も義時も愕然とするわけです。

頼家は自分の意識がないうちに起こった事すべてを知って、そりゃあもう、怒りに震えます。『草燃える』だと、政子の岩下志麻さんを実の息子である頼家の郷ひろみさんが「あなたは全部知ってたんでしょう」「私が死ねばいいと思ってたんでしょう」とグイグイ問い詰めていって、「あなたを必ず殺してやる」とまで言い放つんですよね。

頼家は和田義盛と仁田忠常に北条の討伐を命じます。というか、命じるんですけど、もう遅いんですよね。義盛は即座に頼家の御書を持って時政にタレこむし、忠常はそもそも時政に言われて能員を殺した張本人ですから、どっちも不発に終わるんですよ(忠常も、この直後に北条の計略にはまって、一族もろとも殺されるんですけどね)。

八方ふさがりになった頼家はむりやり坊主にされ、将軍の職を解かれて、伊豆の修禅寺に閉じ込められてしまうんですよね。そして翌年、頼家は入浴中のところを義時の手下に襲われます。もともと武芸をやっていただけあって、ものすごく抵抗したそうですけどね、最期は首に縄をかけられ、フグリを落とされてから刺殺されてます。

弱肉強食の時代にホワイト過ぎた比企氏

『吾妻鏡』だと、能員が殺されたのは反乱を起こしたからだって事になってます。だから「比企の乱」って言われるんですね。能員が若狭局を通じて夫の頼家に、「何としても北条を討つべきです」「北条時政の一族と一幡とは両立できません」とお勧めして、頼家が能員を寝所に呼んで密談しているのを〝偶然〟政子が障子越しに聞いて発覚した……というストーリーなんですけど、『吾妻鏡』は北条が監修してる記録書ですからね。んな偶然があるわけねーだろ！　んな場所で、ンなデカい声でそんな大事な話をするかよ！　って話ですよ。

ただ、この弱肉強食の時代に、能員はホワイト過ぎましたよね。ヒキが弱かったっていうんですかね。もし暗殺されなかったら、能員は自分が忠誠を誓う源氏の血筋についいて、若手の御家人たちに「源氏とは何ぞや」を教える学校でもやらせたらよかったんじゃないでしょうかね。梶原景時の息子さん、畠山重忠の息子さんにね。安達さん、足利さんも呼んで、みんなでね。「出過ぎたマネはしないで、名門・源氏を立てて」ってね。そうすれば、鎌倉時代は五代、一〇代、一五代と源氏の将軍が長く続いたんじゃないですか？　二十代、三十代、四十代って、鎌倉時代いつ終わんだよって。津川雅彦さんの徳川家康が「まだか！」って歯ぎしりしてたりしてね。「足利、ちょっと時間の都合で、ナシでお願いしますうー」みたいな。もう日本の歴史は鎌倉時代だけでいい。織田信長もいらないし。

ホリプロのアイドルだって、榊原郁恵さんの後は比企理恵さんでずっと行けばよかったんですよ。『不良少女とよばれて』にも何にも、いっぱい出ていらして。ボクも応援してたのに、スカウトキャラバンで後から後からアイドルがね、林紀恵さんが出てきて、井森美幸さんが、山瀬まみさんが出てきて。最終的には深田恭子さん、綾瀬はるかさん、石原さとみさんですよ。比企さんでずっと売っていけばよかったのにホリプロも。大事にしてほしかったんですけどねえ（泣）。

畠山重忠

非業の最期を遂げた武勇・怪力の「武士の鑑」

東国一の相撲取りの肩の骨を砕いた

畠山重忠って、13人のメンバーには入ってませんけど、家柄や持ってる兵力も、当時の関東じゃトップクラスでしてね。義時や三浦義村なんかと同じ世代で、よく知られてる有力御家人ですよね。梶原景時と同じで、石橋山の戦いの頃はまだ平家方にいたんですけど、景時と同じくらいのタイミングで頼朝側に来て、平家との戦いで大活躍した人です。

武闘派ですよ、重忠は。東国一の相撲取りと相撲を取って肩の骨を砕いた、とか。木曽義仲軍と三条河原で戦った時、義仲の愛人の美人武者、巴御前と一騎打ちになりましてね。巴は男の荒武者の首をねじ切るくらいムチャクチャ強いんですけど、重忠はそれ以上で、重忠の剛腕で鎧の袖を引きちぎられた巴は、そのまま逃げちゃったんですね。

あるいは一ノ谷の合戦で、源氏軍が鵯越の断崖を馬で駆け下りた時、重忠だけは「馬がかわいそうだから」って自分が馬をかついで駆け下りたっていう伝説がありましてね。この時、義経の配下ではあったけど、ここの部隊にいたっていう記録はないから、まあこれは作り話ではあるんですけどね。

とにかくそれだけ武闘派でありながら情け深い、しかも頼朝への忠誠心が厚いっていうね、まだ死ぬ前から「坂東武士の鑑」って言われてた人ですよ。『平家物語』だけじゃなくて、北条家監修の『吾妻鏡』でもベタ褒め。北条にハメられて悲劇的な最期を迎えた御家人にしては、かなり珍しいんですよ。明治時代から昭和に入ったあたりまでは一般の人にまでよく知られていて、戦前までは子どもの道徳的なお手本としてよく持ち出されたくらいです。

『草燃える』ではモロボシ・ダンが演じた重忠

武蔵国が本拠なんですけど、秩父平氏の血筋で京の都の文化にも詳しくて、特に音楽の才能があったんですね。義経の恋人の静御前がつかまって、頼朝の前で舞を披露した時も、重忠はバックで銅拍子を打ってるんですよ。円盤2つを両手に持って打ち合わせるやつですね。いや、それだけじゃなくてですね、頼朝は伊豆で挙兵してから軍勢を引き連れて2回上洛、要は京都に上ってるんですけど、その時に連れていく武将を選ぶ時は「容儀神妙」、つまり容姿や体格、所作が優れててカッコよくなきゃダメだっていう基準があったんですけど、重忠はそこをクリアして、常に軍勢の先陣に置かれてたそうですね。

『草燃える』で重忠を演じてた森次晃嗣さん、特撮ファンじゃなくてもみんな知ってるでしょうけど、モロボシ・ダンですよね、ウルトラセブンの。当時、NHK総合で日曜夜7時20分から大河が始まる20時直前までやってた『お笑いオンステージ』って番組、ありましたよね。三波伸介さん、伊東四朗さん、戸塚睦夫さんのてんぷくトリオの。あれに「減点パパ（後に「減点ファミリー」に改題)」っていう、毎回有名人のゲストがお子さんと一緒に出演するコーナーがあるんですけど、『草燃える』が放映された翌年に、森次さんが出られたんですよ（1980年9月21日）。

その時に三波さんは「ウワァ、これはビックリです。大河ドラマで畠山重忠役の森次晃嗣さんじゃないですか！」って、ずーっと重忠役ってばっかり連呼してたんですよ。最後まで「今日のゲストは畠山重忠役の森次晃嗣さんでしたー」って、一言もウルトラセブンに触れなかったっていう。代表作なのに（笑）。当時のボクには、三波さんがそこまで『草燃える』を見ていて、だから驚いたんだなあ、としか思えなかったですけどね。『鎌倉殿』では中川大志さんですか、三谷さんの『真田丸』で大きくなった豊臣秀頼をやってましたね。カッコいいし、ぴったりですね。

7日間眠らず、食わず、口きかず

褒めてばっかりでもしょうがないんですけど、ほんとに清廉潔白でプライドの高い人だったたっていう話ばかりが残っていますね。

たとえば、壇ノ浦の戦いが終わって2年くらい経った頃に、自分の領地の代官が土地絡みのトラブルを起こしたことがあるんですね。で、重忠は謝ったんだけど、重忠自身が領地をいくつか取り上げられて、囚人扱いされたんですよ。すると、その牢屋で重忠は7日間眠らず、メシも食わず、ひと言も口をきかなくて。同じ御家人の千葉胤正――常胤の長男ですね――が見かねて頼朝に「食えと言っても食わないし、顔色も変わってきている。死んでもいいと思ってるみたいですよ」と訴えたので、びっくりした頼朝はすぐに赦免。ところが、「ちゃんとした代官を派遣できなかったオレが、そんな土地はもらってはいけなかった。清廉を心がけていたのに、恥ずかしい」と言い残してすぐさま地元の武蔵国に帰ったんですね。

ところが、これが謀反では？　と疑われちゃったんですよ。その火付け役が、御家人を統率する侍所トップの梶原景時。「たいした罪でもないのに投獄されたことを根に持っている、という噂がある」「重忠の一族がみんな地元にいる」と頼朝に報告するんです。疑るのが仕事とはいえ、こういうゲシュタポみたいなとこが、景時が嫌われた理由なんでしょうね。

そこで、頼朝はまず重忠の親友の御家人・下河辺行平に、直接会ってほんとかどうか確認して、大丈夫だったら鎌倉に連れてこい、と命じるんですね。下河辺に連れられて地元の埼玉・秩父から鎌倉に赴いた重忠は、いったん景時に会って「謀反の意思はありません」と弁明したんですよ。それを聞いた景時は重忠に、「謀反の意思がないなら、起請文《きしょうもん》を書いてそう誓え」と言ってきたんですよ。そこで、重忠が何て返事したかっていうと、

「武器を振り回して威張り散らして、弱い人たちから金品をぶん捕っている、みたいなのが武人として一番恥ずかしい噂だが、謀反の噂なら逆に名誉なことだ。ただし、頼朝様を主人と仰いでからは、ふた心は絶対にない。なのに、こんな疑いをかけられている。オレも運が細ったもんだ。ただ、オレは心にもないことは言えない。だから、起請文は進上しがたい」

要するに、一筆書けって言われてもオレは書かないよ、と言ってるわけです。

「人の言葉を疑って起請文という形式をお使いになってよいのは、相手が腹黒い奴の時だけだ。この重忠が嘘偽りを言わないことは、頼朝公は以前からご存じだ。そう伝えておいてほしい」

言い方はまあ丁寧ですけど、「このオレを疑うのか?」と頼朝を詰めてるわけで。こんな時に命乞いするならともかく、主君にケンカ売るような物言いはできませんよ、普通。一筆書けと言われたら、「ムカつくけど、まあ形式的なもんだし、無難に書いと

きゃいいや」くらいが今どきの人たちですけど、それができない人なんですね、重忠って。「謀反人と言われたら名誉だ」なんて、どんだけ突っ張ってんだよって感じですよ。

重忠はその後、頼朝とも会うんですけど、謀反の話題はナシ、適当な世間話と雑談で終わってます。頼朝も、こいつにゃ勝てねえと思ったかもしれませんね。

重忠とよく比べられた悪役・梶原景時

奥州藤原氏を討伐した奥州合戦で、重忠は先陣を任された時、藤原泰衡の郎党の由利八郎って人が鎌倉軍に生け捕りにされましてね。その尋問を、まず景時がやるんですよ。だけど、その取り調べのやり方があんまり傲慢で高飛車だったもんだから、カチンときたんでしょうね。由利がまったく応じなかったんで、頼朝は代わりに重忠に尋問させたんですよ。重忠は正反対に、敗れた由利のプライドを重んじて礼儀正しく接したんですね。由利はすぐさま態度を変えて、素直に取り調べに応じましてね、「さっきの男とは雲泥の差だな」って。同じ文武両道のエラい人でも、このへんが嫌われる人と尊敬される人の違いなんでしょうね。

頼朝は重忠をけっこう重く扱っていましたけど、あんまり身近に置くことはなかったといわれています。幕府が大事なことを決める場にはいないんですね。他の御家人たちとも何となく距離がありますね。頼家の時代になっても、13人の中には入ってないし。特に今の埼玉県の、名前そのままですけど比企郡が拠点だった比企一族とは、武蔵国のいろんな利益や権利をめぐるライバル関係でしたから、北条側と頼家・能員の比企側との対立でいうと、自然と北条側につくことになりましてね。重忠の正室は、時政の娘の元子ですしね。

だから比企の乱で、小御所に立てこもって抵抗する比企軍に、なんのためらいもなく兵力をガンガン投入して勝負を決めたのは、重忠なんですよね。小御所には若狭局や一幡もいたのにね。コワいですけど、やる時は徹底的にやる人なんですよ。

重忠を追い込んだ時政と牧の方

でも、1203年に比企一族が滅んで頼家が追い出され、実朝が三代将軍になると、初代の執権になった北条時政が、実朝の名を使っていろいろと勝手なことを始めましてね。比企がいなくなった後の武蔵国にもチョッカイを出して、重忠とモメ始めるんですよ。

時政と牧の方の娘のダンナの武蔵守・平賀朝雅《ともまさ》が京都守護に着任すると、時政自身が武蔵守の後釜に座って、武蔵国の武士たちに「オレに忠誠を誓え」っていうお触れを出しましてね。主君といえば将軍ただ一人なのに、たかがその補佐役がエラそうに支配下に入れ、と一方的に言ってきたわけで、重忠みたいな一本気のサムライならイラッとしますよね。1204年1月頃には、京都で一時「関東で反乱が起きた。時政が重忠に敗れて山の中に逃げた。大江広元は殺された」っていうガセネタが流れたくらい、時政と重忠の仲は険悪になります。

いちおう形だけ手打ちはするんですけどね。でも、別のところから火がついて、それが重忠の運命を決めちゃうんですよね、ええ。

1204年10月、実朝の結婚相手が決まって、その嫁さんを京都まで迎えに行くのに「容儀花麗」、要はイケメンの若い御家人たちが選ばれるんですけど、その中に重忠の長男の重保《しげやす》と、まだ16歳で時政と牧の方の子、北条政範《まさのり》がいたんですね。

で、翌11月にさっき言った京都守護の平賀朝雅の自宅に、その若い御家人たちが集まって飲み会をやったんですが、その席上で朝雅と重保が酔っぱらって激しい口ゲンカをしたんですよ。原因はよくわかりませんけど、武蔵国の利権に絡んだ話だったんじゃないですかね。ところがその翌日に、北条政範が急死するんですよ。病気って事なんですけどね。

その知らせに牧の方は号泣します。さらに口論の件も含めて、朝雅があることナイこと、てかナイことナイこと言いつけたのかもしれませんね。それを聞いた牧の方は、夫の時政に「重忠親子は謀反を起こすから、誅殺しろ」って迫るんですよ。武蔵国の利権争いとは別に、時政の前妻の娘婿＝重忠と、後妻である牧の方の娘婿＝朝雅のイガミ合いっていう構図も、牧の方が感情をこじらせた原因じゃないですかね。

1205年6月に、時政はとりあえず息子の義時と時房を呼んで相談するんですけど、当然、2人は強硬に反対するんですよ。

「オヤジ、重忠は亡き頼朝公から『オレの子どもを頼む』とまで言われてた男だろ」「比企との合戦の時だってオヤジのほうについたじゃないか。それを無視して殺したりしたら、絶対後悔するぜ」「謀反かどうか、ちゃんと本人に確認してからでも遅くないだろ」ってね。義時にとっては実の妹のダンナで、自分と1つ2つしか年齢も違わない重忠とはけっこう親しかったんですね。これを聞いた時政は、黙ってその場から去ったそうです。

で、義時も自宅に戻ろうとしたら、牧の方の使者が追いかけてきて、「重忠の謀反は確かです。将軍のため、世のため申し上げたのに、重忠の肩を持つのか、私がウソを訴えたとでもいうのか」と義時に伝えたんですね。もう、そこまでいわれちゃどうしようもないので、義時は「お考えに従います」と答えたんですよ。

万単位の幕府軍に、134騎で正面衝突

そこから惨劇が始まるんですね。翌7月、重忠討伐のために集められた幕府軍の本隊は、義時を大将軍とするおそらく万単位の大軍で、プラス重忠襲来に備えて御所に400人を置くんですよ。まあ、重忠が相手ですから厳戒態勢ですよね。

まず、京都から鎌倉に戻った重保が「謀反を起こした奴がいる」と聞いて、部下3人とともに由比ガ浜に向かうんですが、そこに待ち構えてた三浦義村の手勢に囲まれて、「謀反人はどこだ、誰だ」「謀反人はおめーだ」って言われて斬り殺されます。そ

して重忠軍はというと、重忠と次男の重秀以外、親族がみんなあちこちに出向いていて、武蔵国の二俣川（今の神奈川県横浜市旭区辺りだそうですね）で幕府軍と向かい合った時は、何とたったの134騎しかいなかったんですよ。

重忠はこの時、すでに長男・重保が殺されたことを知ってましたが、「これでは勝負にならないから、いったん領地に退きましょう」と進言してきた部下に、「そんな事をしたら、オレが本当に謀反を企ててたり、命を惜しんでるように見えるだろ？　追放された時に地元に引き返した景時のように、少しでも生き長らえる事を望んでいるような素振りを見せてはいかん。そこはきらっと戒めて、若い奴のお手本にならなきゃな」。

ここで引き合いに出される景時も何だかなあですけど、兵力の差が恐らく2ケタありながら、重忠軍は幕府軍と正面から衝突したんですね。和田義盛、宇都宮頼綱、結城朝光、安達景盛ら旧友たちが、先陣争いしながら挑んできましてね。でも、なかなか勝負がつかなかったんですよ。これだけ戦力に差があったのに、討ち取るまで延々4時間も戦ったというのは、重忠軍の強さとは別に、あの人数で謀反はないわー、どう見てもでっち上げじゃねーか、と幕府軍の誰もがそう思ったんじゃないですかね。

この二俣川の合戦、重忠は矢が直撃して死亡。42歳でした。次男の重秀と手下は自害します。義時は鎌倉に戻って時政に一部始終を報告するんですが、「謀反の話はウソか、もしくは讒訴にあって殺されたんじゃないですかね」「重忠の首を見ましたよ。長年親しくしてたことを思い出して、涙を抑えられませんでした」。時政は黙っていたそうです。

若い後妻の讒言を真に受けて、罪のない御家人をつぶした初代執権様、という目で世間から見られてしまっては、時政も立場がありませんよね。実際は「仲睦まじかった夫婦」だったそうですけどね。

北条時政

実は後妻がすごかった？　謀略に長けた初代執権

実は、頼朝の監視役か保護役だった？

北条時政って、もとは桓武平氏といわれ、出身は伊豆の片田舎の豪族とも地方の役人ともいわれてますが、実は親や兄弟の名前もあんまりよくわかっていないんですね。ただ、平家に負けて流されてきた源氏の跡継ぎ・源頼朝と長女・政子と、まあ大反対はしたものの、くっつけたのが大当たりで、領土のキープに不平不満を持つ関東の武士たちを集めて平家を倒し、史上初の武家政権の立ち上げに貢献し、梶原景時、比企能員らライバル御家人を蹴落として将軍の権威を利用しながら最後はそれを形式だけのものにして、一代で北条一族の独裁体制を築き上げた人、というところでしょうか。

ただ、話としてちょっとでき過ぎと言うか、くじ引きよりすごい話じゃないですか、こんなの。そもそもですよ、清和源氏の御曹司が、流人とはいえ田舎の小さな豪族の娘とご縁ができたことじたいがドラマチックすぎません？　平家全盛の時代に、その宿敵の跡継ぎですよ。わざわざ身内に火種を持ち込むわけですからね。リスク高過ぎですよ。「後白河法皇と清盛との間に対立の芽が出ていたことを見越していた」みたいな見方も、もちろんできなくはないんですけどね。

いや実はですね、北条時政はたまたま頼朝が流された伊豆の近所の豪族だった、というより、もともと都のほうのある筋から、頼朝の監視役というか、保護役を任されてたんじゃないかっていう説があるんですよ。

清盛に頼朝を殺させなかった2人のキーマン

そのカギになる人物が2人いましてね、一人目は平清盛の継母で、頼朝の命を助けよと頼んだ張本人、池禅尼。『平清盛』で演じた和久井映見さんは、しっかり者の奥さんって感じでしたね。『義経』では南風洋子さんがやってましたね。もう一人が何と時政の後妻、牧の方なんですよ。なんで牧の方かって？　じゃ、順番に説明しますね。

源平の戦いで最も不思議なのは、清盛がなぜ、池禅尼の言う事を聞いて頼朝を生かしておいたのか、なぜ殺さなかったのかってとこでしょう。単に自分の継母とはいえ「死んだ息子・家盛と似てて可愛かったから」っていう理由だけじゃ、清盛は承知しなかったと思いますよ。だって、頼朝が成長したら自分に牙をむいてくるのは、もうミエミエもいいとこじゃないですか。それがわかんない人じゃ、ぜったいにない。実際、ほんとにその通りになって、自分の一族が丸々滅亡までいっちゃいましたからね。

だから、頼朝は自分に楯突いた者の子孫は必ず根絶やしにしました。大河でも、静御前が生んだ義経の子を、すぐに取り上げて殺した事を非難する政子に、「清盛に命を助けられたオレが何をした。え？」みたいに切り返すシーンがあったはずですよ。

清盛がしぶしぶながら頼朝を殺さなかったのは、頼朝の命を助けたい人たちがちゃんとその後ろからプレッシャーかけてたんですね。

池禅尼が頼朝を〝預けた〟姪っ子夫婦とは？

その中心は、実は頼朝の母方の人たちでして、頼朝の実の母・由良御前の実家と、鳥羽天皇の娘、上西門院なんですね。まず由良御前の実家は日本有数の神社、熱田神宮の大宮司職を代々務める名門。大河『平清盛』の由良御前は田中麗奈さん（ちょっと付け足すと、常盤御前は頼朝じゃなくて義経の実の母です）。ただ、この時点ではもう亡くなっています。

で、そのお父さん、つまり頼朝のおじいちゃん（大宮司の藤原季範）の伯母さんが池禅尼なんですよ、ちょっと遠いけど。もう一方の上西門院には、その由良御前が仕えてたうえ、池禅尼もまた親しい間柄でしてね。この2方向から池禅尼に「頼朝を何とかして」という働きかけがあったんだな、と。

断食までしてお願いしてくる池禅尼に、清盛もしぶしぶ折れて、頼朝の身柄を池禅尼に預けるんですけど、頼朝の身柄ってすごい政治のカードじゃないですか。だから流された先でもおかしなことが起こらぬようちゃんと見張っておけ、と池禅尼が頼朝を預けた先が、牧の方とそのお婿さん、つまり時政だっていうんですよ。

牧の方の京都人脈が時政を出世させた？

そこでなんで牧の方？　ってとこが一番大事ですよね。実は牧の方のお兄さんの牧宗親――浮気した頼朝と政子の板挟みになってひどい目に遭った人ですけど――が実は、池禅尼の実の弟だっていうんですよ。だから牧の方は姪っ子。これ、わりと最近出てきた説でしてね。本当だったら、ちょっとビックリなつながりですよね。

さらに、由良御前の弟が祐範っていう僧侶なんですが、その祐範が伊豆に流される甥っ子・頼朝に、自分の手下をつけて同行させ、それ以降も毎月1回、使者を送って面倒を見てたんですよ。京の都からはるか伊豆まで一人流された罪人だと思われてますけど、母方の実家筋がそこまでバックアップしてたんですね。

一見、ただの田舎の豪族にしか見えない時政が大出世したのは、頼朝の舅になれたからってだけじゃなくて、後からもらった奥さんの京都人脈のおかげがあったのかもしれませんね。『鎌倉殿』では、牧の方が宮沢りえさん、宗親は『青天を衝け』で阪谷朗廬役をやっておられる山崎一さん。もしかすると、今回はかなり重要な役回りになるかもしれませんね。

頼朝が死んでからの時政は、梶原景時や比企能員らライバルたちを次々と倒していったわけですけど、畠山重忠の乱では明らかに無実の重忠をツブしたことで、ミソをつけましたね。もっとも、逆に言うと、「重忠をツブせ」と牧の方に詰め寄られたら、時政はとても断れなかったかもしれませんけどね。しかも唯一の男の子である政範を失い、牧の方からすれば、このままでは前妻の子たちである政子・義時に権力闘争で到底かなわないですよね。

そこで、捨て身の手段に出るんですよ。この乱のすぐ後、同じ7月に、娘婿の平賀朝雅が清和源氏の血を引く新羅三郎義光の家系で「実朝を殺して、朝雅を将軍職にすべき」って、またもや時政を焚きつけるんですよ。これが「牧氏の変」。もう一つの実朝暗殺計画ですね。

ただ、見てる人は見てるもんで、その2年前の1203年、比企の乱の8日後に朝廷から12歳の実朝に三代将軍任官の沙汰があって、実朝は時政の自宅でそれを受けたんですが、実朝の乳母の阿波局が政子に「牧の方は、何だか信用できません。若君に何か害意がありそうです。若君の居場所をすぐに時政様の邸宅から他に移しましょう」と進言しましてね。政子はすぐさま弟の義時と三浦義村と結城朝光に命令して、軍兵を引き連れて時政邸に向かわせて、実朝の身柄を引き取るんですよね。実朝が祖父である時政邸に住み続けていたら、暗殺も案外簡単だったりして、曲がりなりにも源氏の血を引く朝雅が、四代将軍の座に就いていたかもしれませんね。

実際には、時政夫婦のたくらみは間もなく発覚し、2人はこれでアウト。朝雅は二代目執権の座に就いた義時の手下に殺されます。時政が娘の政子に強引に出家させられ、伊豆に引っ込んでからは、この夫婦は死ぬまで一度も表舞台に立つことはありませんでした。

結論

自分に落ち度がなくても、命を落とすことはある

第5章

最後に勝ち残ったのは誰か

（御家人編Ⅲ）

和田義盛

気は短いが弓矢の達人、侍所の初代トップ

親戚の三浦氏と、いつもいっしょに密談

北条時政が失脚して、義時が第二代執権になるわけですけど、次に北条のターゲットになる御家人が初代の侍所別当、和田義盛でしてね。頼朝が挙兵した当初からいっしょに戦って、治承・寿永の乱でも、奥州合戦でも武闘派として活躍してます。

もともと相模国の三浦郡——今の神奈川県の三浦半島辺りですね——の豪族である三浦氏から枝分かれしたんですけど、義盛のおじいさんの三浦義明は、同じ13人のメンバー、三浦義澄の父でもあるので、『草燃える』でも、伊吹吾郎さんの義盛が、義澄役の早川雄三さんとその長男、藤岡弘、さんの義村という親戚どうしで、いつも館でいっしょに密談しているっていうイメージがありますね。

石橋山で大敗けした後、逃げのびた安房で再出発した頼朝軍に、関東最大の2万騎の兵力を持つ上総介広常を、まあ、反平家だけどプライド高くてめんどくさい広常をね、どう説得したのかはわかりませんが、頼朝のところまで来させて味方につけたのが義盛でしてね。同じ武闘派どうしで、何か相通じるものがあったのかもしれませんね。

平家追討の時は、主に頼朝の弟の範頼の軍に軍奉行という肩書で同行してましてね、壇ノ浦では陸上から海の上の平家軍に向かって、得意の強弓で2、3町先——だいたい200mか300m先くらいですかね——まで矢をぶっ放して、平家軍をビビらせたんですよ。ただ、ちょっとイキり過ぎましたね。自分の名前を書いといた矢を一本射るんですよ。そんなサイン入りのを記念にもらっとこうって奴は平家側にはいないはずですけど、要は「この矢をオレのところまで射返してこいやー」って挑発したんですね、平家方を。ここまで飛ばせる奴はそっちにいねーだろ、というわけですよ。

ところが、平家方にも強弓の使い手がいましてね、そのサイン入りの矢をきっちり射返してきたんですね。平家軍、爆笑。字がきたなかったのかもしれませんけど、面目丸つぶれですよ義盛。でも、そこでマジギレしちゃった義盛は、今度は船に飛び乗って、平家軍をさんざん追い散らかしたそうですよ。武闘派は怒らせたらいけませんよねえ。

侍所の別当職を、梶原景時にダマし取られる

まあ、やや気の短い根っからのサムライなんですかね、奥州藤原氏を追討した時は、畠山重忠と先陣争いをしまして、前のめりで先走る義盛を重忠が「うーん、まあいいか」と黙認したせいか、藤原国衡を討ち取った際の論功行賞でモメたりもしてますね。

侍所別当の職は、平家と対決する前に、広常と協力し合って常陸国——茨城県ですね——の佐竹氏と戦って佐竹秀義を生け捕りにした時に、「ぜひ、私に」と頼朝におねだりしていたポジションでしてね。鎌倉幕府が初めて設けたわけじゃなくて、名前じたいは平安時代から京都にもありまして、関東でも板東8カ国を束ねるトップの座にいた平氏の有力な家人が「侍別当」を名乗ってたんですよ。

義盛はそこに目を付けていたようで、これって武闘派のオレにふさわしいポジションじゃねーかと思ってたんですね。上総介広常と千葉常胤が「西に行く前に、東を固めておけ」と頼朝にアドバイスしてましたけど、平家と戦うために西に軍勢を派遣する前に、関東地方の武士たちをちゃんと束ねておかなきゃならないわけです。

そして、関東一円で味方を増やしてから鎌倉入りした頼朝が、幕府のもろもろのシステムを設けた時に、義盛は晴れて侍所別当に任命されたんですね。新しい御所を建てて、そのこけら落としの儀式をやった時には、居並ぶ361人の御家人たちの真ん中にどーんと座って、頼朝の呼びかけに応じて挙兵した東国の御家人たちの出仕の確認、要するに出席を取っていたそうです。

その別当職を、梶原景時が「ちょっと1日だけ貸してくれ」と頼み込んできたんですよ。景時は同じ侍所の所司っていう肩書を持ってて、これは別当と比べてどっちが上ってものでもなかったんですが、義盛はまあ1日くらいなら、と思ったんでしょう。休暇で自分の領地に戻る時に別当職を預けたんですが、そのまま景時に居座られてしまったんですよ。景時らしいといえばらしいんですが、ほんとは頼朝のOKくらいは取ってあったんじゃないかなーとも想像できますけど、景時はヒールですからね、『吾妻鏡』じゃ。一方の義盛も、ちょっと単純で人がいいというか何というかですけどね。

比企の乱の時は、北条側についた義盛

だから、景時のことをこん畜生、と思ってたんでしょうね、間違いなく。頼朝が死んで頼家が後を継いで、13人体制のメンバー入りするんですが、直後に起こったのが梶原景時の乱でしたよね。頼家への景時のチクりが発覚して激怒した66人の名前入り弾劾状。「あのイケすかねえ野郎を追い出すチャンスだ」ってことで、やっぱり前のめりですね。まあ、おんなじ気持ちの御家人が他にも山ほどいたんですけどね。

この弾劾状は大江広元に提出されるんですけど、広元はこりゃ相当揉めるなと思って、しばらく手元に置いたまま放置するんですね。そこで、なかなか音沙汰がないのに業を煮やした義盛は、広元に直談判するんですよ。

「あんたは長いこと幕府の耳であり目であり、爪や牙でもあったはずだ。なのに、景時を怖がってみんなの不満や鬱屈を頼家公に見せずに隠しておくのは、法に触れるんじゃねーのかよ?」

義盛の言う通り、幕府内で頼朝に次ぐ実質ナンバー2の力を持っていた広元ですけど、義盛にきつく詰問されて仕方なく弾劾状を頼家に見せます。景時は失脚して殺され、義盛は侍所別当職にカムバックするんですよ。

比企の乱の時は、義盛は北条側についていて、いっしょになって比企討伐に加わります。死ぬと思われていた頼家が病気からカムバックして、自分の意識がない間に後ろ盾の比企一族が抹殺されたのに気付いた時、激怒して義盛と仁田忠常に「北条を討て」っていう御教書《みぎょうしょ》を出すんですね。義盛もあれこれ考えたのかもしれませんけど、結局はこの御教書を時政にそーっと渡すんですよね。仁田忠常と、この御教書を届けた堀親家は殺されてこの話はおしまいです。頼家も間もなくジ・エンドでした。

義時が義盛を挑発して起こした「和田の乱」

でも、義盛は結局、「和田の乱」で謀反を理由に殺されるんですよね。もちろん、北条にですよ。ボクは義盛はなんにも悪くなかったと思ってるんですけど、とにかく義時の挑発がね、ひどいんですよ。わりとキレがちな義盛の性格をよくわかっててやったんでしょうね。息子の罪をでっち上げて怒らせてね。やっぱり、侍所別当のポジションをブン捕りたかったんじゃないですかね。

義時がどんなふうに義盛を追い込んでいったのかといいますとですね、1213年、和田の乱が起きるちょっと前に、泉親衡《ちかひら》っていう信濃国の若い御家人が、義時を倒して頼家の子の千寿丸を立てるためのクーデター計画を練っていたことがバレたんですが、ここに義盛の子の義直、義重、甥の胤長が加わってた、という疑惑が持ち上がったんですね。

義盛はその赦免を求めて鎌倉に出向きまして、義直・義重は許されたんですが、胤長だけ張本人だってことでダメ。で、義時はこの胤長をわざわざ縄で縛って引き立てたんですよ。赦免を求めに来た和田一族90人の目の前でですよ。最後は島流し。嫌がらせというか、挑発ですよねこれ。しかも、没収された胤長の自宅を義盛が慣習に則って一族に渡すよう要求して、義時はいったんOKを出すんですけど、すぐさま他の御家人に渡しちゃうんですよね。

義盛のド短気を見越したうえで、義時がねちねち嫌がらせをするわけで、義盛がガマンしたって、義時は怒らせる気まんまんで次の嫌がらせの手を打ってきたでしょうからね。ついに義盛の堪忍袋の緒が切れて、親戚筋の横山党っていう武蔵国の武士団と、反北条の勢力とを集めて挙兵します。

ただ、仰天した実朝が送ってきた使者には、「実朝公にはまったく恨みはなく、義時のやり方があまりにヒドいので、その理由を問い質すために出向くんです。若い連中がひそかにそんな相談をしていたので私は止めたんですが、いっこうに聞き入れないため、かくなるうえはいっしょに行こうと思っています。もう、どうしようもありません」と伝えています。若い御家人たちも幕府のやり方に不満を抱いていて、もしかしたら義盛は、反乱を起こす時にかつがれる神輿みたいな役回りだったのかもしれませんね。

同族の義盛を、ドタンバで裏切った三浦義村

ところが、ここで和田側の計画が狂うんですよね。何でかって言うと、裏切りですよ。

御家人生き残りトーナメントの怖いところですけど、誰が敵で誰が味方かを見分けることと、どっちが優勢かの見極めが生死を分けるんですよね。和田一族のそれを決めたのは、御家人の中では指折りの兵力を持っていて、いつも義盛といっしょに相談事をしてた親戚筋の三浦氏。この頃は、義澄はもう亡くなっていて、長男の義村が後を継いでるんですが、その義村は義盛から「挙兵する」と打ち明けられた時にはそれに同調して、神仏に誓いを立てる起請文まで書くんですよ。

ところがですね、その義村が裏切るんですよ。同じ一族の義盛をね。ひそかに弟の三浦胤義と相談しましてね、義時に「義盛が謀反を起こす」とタレ込むんです。義盛にとってはまさかだったかもしれませんけどね。おかげで、援軍である横山党と合流してから動き出す予定だったのに、和田軍だけで一日前倒しして動かなきゃならなくなったんですよ。

もっとも、和田一族もさすがに戦となればお手のものですから、総勢150騎で将軍御所を襲撃して、そのまま鎌倉で市街戦を展開するんですよ。今でいえば、永田町や霞が関あたりで自衛隊の一部が決起するようなもんですかね。2・26事件？ちょっと違うか。

まあとにかくですね、和田一族には武闘派がやっぱり多くて、特に義盛の三男の朝比奈義秀は、北条びいきの『吾妻鏡』ですら「天地を震わす」「神のようなパワー」「奴と戦えば死ぬ」と大絶賛するくらいのすごい戦いぶりでしてね、幕府側の御家人を次々とぶった斬ってます。義時の次男の朝時もぶつかっていったんですが、あっさりやられて大ケガしてます。

そもそも規格外のパワーの持ち主で、かつて頼家と御家人たちといっしょに船で酒盛りをやりながら、「なんかやれ」と頼家に言われて、いきなり海に潜って鮫3匹を抱えて上がってきたりね。酒気帯びで海に潜るのは危ない、とか1ミリも考えてないでしょうね。

で、乱初日の夜は、和田勢はいったん由比ガ浜に退くんですけど、翌朝にようやく横山党の軍勢が鎌倉に到着して、また勢いを取り戻すんですね。幕府側も、義村のチクりで早くに知っていたとはいえ、反乱の規模じたいはちょっと予想外だったようです。ただ、義時と広元が実朝の名前で「和田を討て」という御教書を出してからは、その日のうちに続々と新手の援軍が駆けつけて、和田勢を押し返しましてね。義信、秀盛と義盛の息子たちが次々に討たれていって、長男の義直が討たれた時は義盛も号泣。間もなく義盛も討ち取られたんですね。67歳でした。

義盛の孫で、頼朝・実朝の両者に近習として可愛がられていた朝盛も、この戦いに参加してましてね。弓の名手だったんですけど、この和田の乱で板挟みになります。何とか生き抜くんですけどね、後の承久の乱では、自分の息子を鎌倉側に残して後鳥羽上皇側につくんですよ。敗れた後は行方不明になるんですが、『草燃える』では、NHKの時代劇には欠かせなかった氏家修さんの朝盛がその板挟みに耐えられず出家するんですが、強引に連れ戻されて参戦して、最後は命を落とすっていうストーリーになってましたね。

和田のタタリ？　鎌倉で大地震

いちおう謀反っていうのが討たれた名目ですけど、合戦が終わって5日後に、義時の子の北条泰時が御所に行ったら、その場で和田を討った件の恩賞の話が出たんですね。でも、それを「存念がある」と言って何度も辞退。実朝の言葉を受けるのも固辞するんですよ。そうしたら、同席した人たちにかえってヘンな疑いを持たれそうになったので、仕方なく言ったんですね。

「義盛には謀反の心なんてなくて、単にオヤジ（義時）一人に恨みがあったんですよ。本来なら防戦に当たるべき御家人の多くは逃げましたが、オレはオヤジが攻撃されたから戦ったんであって、別に恩賞をもらう筋合いはないです」

同席した人たちはみんな感動して、それ以上泰時に恩賞を無理強いはしなかったそうですね。他の人たちも、義盛の謀反なんて信じてなかったんだと思いますよ。

この年の10月に鎌倉で大地震が起こったんですよ。山崩れや地割れ、建物の破損があって、デマで御所に武装した御家人が集められたり、乱の間に京都へ行っていた御家人が「和田と通じていた」って事実無根の疑いをかけられたり、みんな動揺しまくりでしてね。これを契機に幕府が祈祷を行って、元号も建暦から建保に変えるんですけど、その後も御所や北条時房・大江広元邸で火災が発生したりと不吉な出来事が続くんで、みんなが「これは、絶対に義盛のタタリじゃー」と恐れおののくわけですよ。

そこで、実朝は世間を落ち着かせようと、和歌の会を開いたり、幕府の要人たちを集めて義盛の霊を鎮める仏事を行ったりしてるんですよね。そもそも、義盛らをツブした人たちはなんかしらやましい気持ちがあったんでしょうね。

閻魔様まで投げ飛ばす！　怪力・朝比奈義秀

三浦義村が、義盛を裏切らずにいっしょに義時に歯向かっていたら、どうなってたんでしょうねえ。まあでも、義盛だって比企の乱の時は頼家を裏切って義時側についたし、御家人たちの先頭に立って梶原景時を追い落としたりもしていますから、めぐりめぐってやられる側に回ったんだといえば、それまでなんですけどね。逆に義村は、その後も義時とがっちり手を組んでいくんですよ。

ただ、悲劇の最期をとげた武闘派って、やっぱり後々も人気があるんですよね。義盛も生き延びて結婚して、名前を山田に改めたっていう伝承とともに、由比ガ浜に和田塚というお墓もありますし、三男の朝比奈三郎義秀が、木曽義仲の愛人だった女武者・巴御前と義盛の間にできた子だ、という伝説も、年代的にはありえないんだけどその一つでしょうね。

義秀は乱の後、500騎を引き連れて安房に逃げのびた事になっています。その後どうなったのかはわかりませんが、義秀の怪力についての伝説は、東北地方のあちこちに残っていますね。鎌倉市にも、義秀が一晩で切り開いたという「朝夷奈切通」っていう切り通しが残っています。閻魔大王が義秀に首根っこをつかまれて投げ飛ばされ、極楽への道案内をさせられる「朝比奈」っていう題の狂言もありますよ。宮城県大和町では、「アサヒナサブロー」って名前のゆるキャラにもなってます。アニメも特撮もない時代は、こういう実在の武士がヒーローになってたんですね。

三浦義澄・義村

父は武闘派、息子は権謀術数で北条とがっちりタッグ

義澄も平治の乱〝悪源太の17騎〟の一人

和田の乱が終わってから、それまでの政子・実朝を義時と大江広元が支えるという体制から、義時、義村、広元が同じ2人を支える体制に変わった、つまり三浦義村が入ったわけで、親戚どうしだった和田を裏切った義村が、この協力関係に深入りしていくって事ですね。ただ、三浦もだんだんと力をつけていきますから、北条に邪魔者扱いされてやられる順番としては、和田の次は三浦ですよね。でも、そうはならなかったわけでして。

名前のまんま神奈川県の三浦半島が拠点でし

てね、13人のメンバーに入っていたのは、義村の父ですでに70歳を過ぎていた義澄です。平治の乱で、上総介広常、足立遠元らと同じ源〝悪源太〟義平が率いる17騎の一人として、平重盛の500人の軍勢を蹴散らした武闘派ですね。「桓武平氏の流れをくむ三浦氏」って何だか枕詞みたいですけど、言うまでもなく筋金入りの源氏方ですよ。

頼朝が挙兵した石橋山の戦いには、雨がひどくて参戦できず、引き返す途中で当時はまだ平家方だった武蔵国の畠山重忠とぶつかりましてね、義澄の父親の三浦義明を失ってしまうんですよ。

いったん散ってから海を渡って、安房で頼朝と合流したのはもう何度かお話しした通りですけど、房総半島から武蔵、相模の各国をぐるっと回って、頼朝側についた重忠といっしょに鎌倉に入ってます。まあ、重忠とはその後もいろいろあるんですけどね。

源平の戦いでも、やっぱり広常や千葉常胤、土肥実平らとともにベテラン勢として頼朝を支えながら、一ノ谷、壇ノ浦とその後の奥州合戦でも活躍するんですよ。1199年に頼朝が死んで頼家が将軍の座に就いて、義澄は13人の合議制のメンバー入りするんですけどね、翌1200年の梶原景時追放の中心メンバーでした。で、景時が討たれてから3日後に病気で亡くなりましてね。74歳でした。

若くして御家人66人中、序列で4番目に

次の三浦家当主となったのが次男の義村です。『鎌倉殿』では山本耕史さんですか。『新選組！』では土方歳三役でしたけど、あのイメージのまんまだと武闘派で冷徹なキレ者って感じですかね。

義村は、源平の戦いの頃はまだ若くて、源範頼が率いた九州征伐軍に父親の義澄といっしょに参加してます。この時はまだ推定で16歳で、戦場で活躍したって話は、ほぼ出てこないです。この時は同じ一族で5歳くらい年上の義連《よしつら》が、義経とともに戦った一ノ谷の鵯越の戦いで、例の真っ逆さまの崖を前にして言い放ったのが、「こんなもん、三浦の馬場と同じじゃい」。崖が急だ急だってったってオレの庭、三浦の海っぺりの断崖デコボコと同じだってわけで、他の御家人の腰が引けている中、真っ先に駆け下って平家陣への先陣を切ってるんですよ。三浦一族の若手では、この頃は義村より義連のほうが目立ってたみたいですね。

この年に頼朝が父・義朝の供養のために鎌倉に建てた勝長寿院っていうお寺の落成式があったんですね。そこで弓や馬術の得意な若いもん60人を集めている中に義村が

入ってますし、その2年後に鶴岡八幡宮で開かれた儀式で、流鏑馬――馬に乗って走りながら弓を射て的に当てるやつですね――の5人の射手のトリを務めたのが義村だったんですね。5人の放つ矢がことごとく的をとらえてたっていいますから、義村も若いながら弓の名手の一人としてみんなも認めてたんじゃないですかね。

で、平家が滅んで幕府が始まって、頼朝が死んで頼家が二代目に就いて、13人の合議制が始まって老齢の義澄がメンバー入りしますけど、間もなく起こったのが梶原景時の乱でしたよね。そのきっかけが、景時が御家人の結城朝光の嘆き節を頼家にチクったことで、頼家は朝光の誅殺を決めるわけですよ。

ところが、それを北条時政の娘の阿波局がなぜかナイショで聞いてましてね、朝光にタレ込むんですね、「あんたはもう殺されることになってる」って。切羽詰まった若い朝光が相談したのが、同世代の義村だったんです。

「景時にチクられて、オレ逆賊とかいわれて殺されそうなのよ。でもさ、オヤジ《あるじ》が2人いるからって、逆賊じゃないよね？　前にそういう奴もいたはずだよね、ね？」

「まあ、慎重にいこうや。しっかり計略を立てねーとな。景時にひどい目に遭わされた奴はゴマンといるからな。ただ、戦で決着をつけるとなると、また国が乱れるからな……」

そこで義村は使いを出して、和田義盛と安達盛長を呼んで相談するんですけどね、結局、「同志で署名集めて抗議文を出す。それ提出しても決まらねえなら、実力行使じゃ」。で、その書き手として13人のメンバー・中原親能の手下で政所勤務の中原仲業《なかなり》――文章がうまくて、しかも景時ギライっていう、まさにドンピシャな人に声をかけましてね。仲業、大喜びで抗議文を書いたそうですよ。

翌日、鶴岡八幡宮の廻廊に、66人の御家人を集めて景時を追い出す同心連署状を作ったんですけど、その署名の順番がですね、2トップが80歳越えの千葉常胤と70歳越えの三浦義澄。まあこの2人は長老ですからそんなもんですけど、常胤の長男で60代の胤正が3番目で、4番目に義村が入ってるんですね。他にも和田義盛やら安達盛長やら年上はわんさかいるのに、それを差し置いてのこの順番ですからねえ。

仲業の書いた訴状に目を通して、義村は「ここの『鶏を飼う者はタヌキを飼わず、獣を飼う者は豺（やまいぬ＝ニホンオオカミ）を養わず』って、いい文章だよなあ」とか言ってベタ褒めします。景時みたいな、他の御家人に食いついたりして害をなす奴をなんで飼い続けてるんですか？　って意味でしょうかね。で、義盛とともに訴状と連判状を大江広元のところまで持っていくんですよね。後から見ると、義村が表舞台に出るきっかけは、この景時の件だったんじゃないですかね。

義村の娘が泰時と結婚、三浦・北条の強力タッグ

梶原景時の乱のあった1199年以降は、保元・平治とか石橋山以来の長老・ベテランのメンバーがどんどん亡くなっていってましてね、景時が命を落とした3日後に義澄が、そのちょっと前には足利宗家二代目の足利義兼が死んでます。八代目の尊氏の、6つ前の当主ですよね。翌1200年には流人時代から頼朝を支えた安達盛長と、上総介広常とケンカしかけた岡崎義実、翌1201年は千葉常胤、1202年は新田義重、その翌年は比企の乱があって比企能員、1204年は頼家。義村や北条義時なんかの若い世代と入れ替わる時期であったんでしょうね。また、三浦家の中の義村のライバルみたいな存在だった義連は、この年に病気で亡くなってますね。

景時の乱で一躍、株を上げた義村は、その後も続く他の御家人の粛清に際して、北条とのよい関係をキープしたままでほんと、うまーく立ち回っていくんですよ。

大きかったのは、義村の娘が、義時の跡継ぎで後の名執権・北条泰時と結婚した事

じゃないでしょうかね。これで北条・三浦の関係はがっちり強化されます。その婚礼のすぐ後に起こった比企の乱の時は、義村は反北条の比企一族を討伐する側にちゃんと入ってますし、乱の8日後、実朝に朝廷から三代将軍任官の沙汰がありましてね、母親の政子と実朝の乳母の阿波局が神輿に乗って時政の邸宅に向かうんですけど、その神輿に同行してたのが、義時と義村だったんですよね。それだけ信用されていたんですね。

それだけじゃなくて、比企の乱の後に伊豆の修禅寺に幽閉された頼家が、母親の政子に「仲よくしてた御家人ジュニアたちが、修禅寺に出入りできるようにしてくれ」って頼むんですけど、そのダメ出しと、「もう手紙もよこすな」と伝えるためのお使い役を、これまた義村が引き受けるんですよね。

翌年、頼家は北条の手下に暗殺されます。ただ、『草燃える』だと、直接手を下したのは北条の者ではなく、時政・義時親子にそれとなくほのめかされた義村がやったことにしてますね。手下を引き連れて修禅寺におもむいた藤岡弘、さんの義村が、僧侶姿の郷ひろみさんの頼家に「お覚悟を！」と自決をムリ強いするんですよ。

頼家はいっしょに来ていた義村の弟で蹴鞠の仲間だった胤義、柴俊夫さんに介錯を頼むんですけど、胤義は大泣きするばっかりで手を下せなくて、結局は義村の家臣が代わりにとどめを刺すんですよね。『頼家無残』っていうサブタイトルが泣かせますよね、ほんとに。これはドラマの創作ですけど、こういう大事が起こる時、義村は義時とともに必ず仕事してるんですよねえ。

「三浦の犬ッコロは、親友でさえ食っちまうらしい」

畠山重忠の乱でもそうでしたね。サムライ魂の権化みたいな重忠を、多くの御家人たちは一目置いてましたけど、義村は、まだ平家方だった頃の重忠に、お祖父さんの義明を殺されてるんですよね。重忠の息子・重保一行を由比ガ浜におびき出して殺す役割を受け持って、重忠討伐の火ぶたを切ったわけですし、重忠軍の本隊――といってもI34騎しかいなかったけど――を迎え撃つ義時大将の本隊で、手下として出陣してるんですよね。

義時は、謀反という重忠追討の理由を、結局は「無実だった」として、時政の娘婿だった秩父の豪族をそのガセネタの元凶ってことで殺しまして、次いで起こった牧氏の変で、時政と牧の方を出家させて伊豆に追放しますけど、時政に出家を勧めるために義時の屋敷に来た面々の中には、やはり義村の名前があるんですよね。

それから和田義盛がやられる和田合戦までは8年ほど間が開くんですが、トシも一回り上の親戚筋で、しかもいつも一緒にハカリゴトしてたりした親分格である義盛を、義村・胤義が裏切るわけですからね。義時は和田の乱の後、義盛の決起をタレ込んできた義村を、「勲功第一」だと持ち上げてます。

しかし、やっぱりそういうのは薄々みんなカンづいて噂になりますよね。乱から6年ほど経った正月の会合で、大勢の御家人たちが居並ぶ中で宿老の義村はもちろん上座に着いてたんですけどね、下総の千葉氏の若手で千葉胤綱っていうのが、断りもなくそのまた上座に座ったんですね。いやー、けっこういい根性してますよね。で、義村はムッとしてですね、

「下総の犬っコロは、自分の居場所もわきまえとらんのか」

と罵倒するんですよね。それに対して胤綱はまったくビビりませんでね、

「三浦の犬ッコロは、親友でさえ食っちまうらしいじゃないですか」

とキツい一発をカマしたんですよ。もちろん、親友とは義盛のことですよね。義村に対する「この裏切りもんが」っていう感情は、どの御家人もハラの中に持っていたでしょうね。実際、誰が見ても「なんだお前、義時のパシリかよ」って感じもしなく

ないんですよ、この頃の義村って。でも実際は、今逆らったらつぶされるから、とずーっとガマンして気を使っていたと思うんですよ、義村は。

だから、一族の生き残りのためなら何でもしますって事なのか、北条家と三浦家の間にはその後も二重三重の血縁ができあがっていきましてね。三代執権・北条泰時の正室は義村の娘って、もう言いましたけど、二人の間には時氏が生まれます。残念ながら若くして死にますけど、逆に泰時の娘が義村の次男の泰村に嫁いでもいるんですよね。さらに泰村は、執権・泰時の養子になってたんですね。さらにさらに、義村は泰時の弟、政村の烏帽子親にもなっていて、政村の「村」の字は義村の「村」からもらったんですよ。北条と三浦は、こうして長く共存共栄していくように見えるんですよね。

実朝暗殺「三浦義村黒幕説」は、本当なのか?

1219年1月の雪の日の夜、正月の八幡宮拝賀を終えた三代将軍・実朝の一行は、その場から社前の石段を下りて、ずらりと並んだ付き人の列の脇の大イチョウに隠れていた亡き頼家の息子、公暁とその手下に斬りかかられ、実朝は命を落とします。続いて同じ行列にいて、普段は実朝の教育係を務めていた源仲章《なかあきら》も斬り殺されます。これ、公暁が一人でやったのか、それとも誰かがやらせたのか？　っていうのが、長年の謎なんですけどね。

「公暁に実朝暗殺とその後の将軍即位をケシかけたのは、三浦義村だった」っていう説を初めて世に出したのは、『草燃える』の原作の一つ『炎環』を書かれた永井路子さんなんだそうですよ。実際、『草燃える』のドラマの中では、義村は自分のかみさんが乳母を務めた公暁に、「あなたの父・頼家のカタキである実朝を殺せ。そうしたら、あなたの天下だ」と説得してから、「もう一人」のターゲットを伝えます。義時なんですね、これが。式典の同じ行列にいる実朝と義時を暗殺して、同時に三浦軍が決起して北条に不意打ちをかけるド派手なクーデターってわけです。当時20歳だった公暁も、実朝を殺す気と次の将軍になる気が十分なわけですよ。当日は実朝が加わった式典の行列を、義村は弟の胤義といっしょに気が気じゃない様子で見つめてるんです。

ところが、その義村の肩を後ろからとんと叩く奴がいましてね。振り返ると、義時が立ってるんですよ。義村はその場で固まっちゃいましてね。

『吾妻鏡』では、義時は儀式の直前に体の不調を訴えて行列から外れたことになってますけど、別の記録だと、実朝の脇に立っていたけど、実朝に中門に留まるように言われたため、八幡宮の境内にはいなかったって事です。いずれにせよ入れ替わったのは本当だから、公暁は義時と間違えて源仲章を斬ってしまった。しかも、義村の驚き顔を見つめる義時の不敵な笑いから、義時が暗殺計画そのものを知っていたことを匂わせてるんですよ。この説が本当だったら、冷酷非情っていうかね、義時は自分だけは逃れながら、将軍を黙って見殺しにし、公暁も殺して幕府の実権を握ろうとしていたのかもしれませんね。

公暁は暗殺決行後、手下とともに実朝の首を持って、メシ時も手離さなかったんですね。で、義村邸に使者を送るんですよ。「我こそは東国の大将軍である。その準備をせよ」って、すっかりソノ気ですよ。義村は「お迎えをさしあげます」って返しますけど、公暁が義村邸の前に到着しても、門は開かないばかりか、応答もない。義時暗殺に失敗した義村が、大慌てで手のひらを返したんですよ。その門の前で、義村の腕利きの手下が「お迎え」に襲いかかって、公暁一行を全員斬殺するんですよ。口封じってことですよね。もちろん、クーデターなんかナシ。ひどい話ですよ。

二重三重の北条・三浦の血縁とか、実朝暗殺から後の北条家と三浦家の強力タッグを見てると、義村はほんとに義時を殺そうとしたのかなーという疑問もなくはないですけどね。この三浦黒幕説がほんとなら、義時は自分を殺そうとした義村とナアナアでやっていったって事になりますよねえ。もしかして、実朝殺しに義村が関わった証拠を握ってて、それをネタに脅してたとか？　だったら義村は義時のために馬車馬のように働きますよね。

承久の乱、朝廷側についた弟・胤義を切り捨てる

この実朝暗殺から2年後に起こるのが、たぶん『鎌倉殿』の大きなクライマックスになる承久の乱。朝廷から執権・義時討伐の院宣が下るという、幕府始まって以来最大の危機ですよ。

その時、義村の実の弟の胤義がなぜか京都にいたんですね。畠山重忠の乱、牧氏の変、その後の和田の乱でも義村といっしょに戦ったその胤義から、「上皇側についてくれ。上皇は『恩賞は思いのまま』って言ってる」っていう手紙が来るんですよ。寝返ったんですね、朝廷側に。頼家が殺された件とか、義盛を裏切ったこととか、悔しかったり後ろめたかったりした事が、あれこれ溜まってたのかもしれませんけど。

でも、その手紙を手にすると、義村は義時のところに持っていてそれを見せちゃうんですよ。「こんな手紙が来た」って。その瞬間、今までいっしょに戦ってきた実の弟を切り捨てる決断をしなきゃならなかったわけですけど、ヘタにもたついて後から義時に疑われちゃあ、命に関わりますからね。和田の乱に続いてまた親族と向き合うことになったけど、やっぱり義時のために働かざるを得なかったんでしょうかね。

シェイクスピア劇ばりにリハーサル？　政子の大演説

で、乱の直前の有名な政子の大演説。これはもうね、前もって打ち合わせして、何度も稽古されたシェイクスピアの演劇のようなものだったと思うんですよ。これ、全文です。

皆心を一にして奉《たてまつ》るべし。是《これ》最期の詞《ことば》なり。故右大将軍《うだいしょうぐん》朝敵を征罰し、関東を草創してより以降、官位と云ひ俸禄と云ひ、其の恩　既に山岳よりも高く、溟渤《めいぼつ》よりも深し。報謝《ほうしゃ》の志浅からんや。而《しかる》に今逆臣の讒《ざん》に依りて、非義の綸旨《りんじ》を下さる。名を惜しむの族《やから》は、早く秀康《ひでやす》・胤義《たねよし》等を討ち取り、三代将軍の遺跡《ゆいせき》を全うすべし。但《ただ》し院中《いんちゅう》に参らんと欲する者は、只今申し切る可《べ》し者《てえ》り。（『吾妻鏡』）

ざっくりした意味は、こんな感じです。

「私たちは謀反人になるかもしれないけど、頼朝公への御恩は山より高く、海より深い。逆臣という濡れ衣を着せられた今、自分の名に誇りを持つ者は、直ちに秀康、胤義を討ち取って亡き三代将軍実朝の御恩に報いなさい。ただ、無理にとは言いません。朝廷側につくという方がおられれば、今ここで潔く出ていかれて結構でございますし、そういう方を私は一切恨みません」

っつって。秀康は朝廷側の総大将、藤原秀康。胤義は三浦胤義ですね。

政子がこう言えば、そりゃもう、みんな空気読んで「んなわけないでしょう！」と結束するわけでしてね。でも、腹の中では「ヤバいな、どうしようかな」「やっぱり後鳥羽上皇につこうかな」と思ってる人が中には何人かいたと思うんですけど、すかさず三浦義村が、

「そのような者は、この中には一人もおりません。頼朝公の御恩だけは」

「三浦殿、そこまで言っていただけるとは」

「謀反など怖くない」「そうだ、怖くない！」「怖くない！」

って畳みかけて、一同盛り上がった時に、義時が、

「謀反じゃないッ！　謀反を起こしたのは、上皇のほうだ！」

こんな感じで、一席できあがるわけですよ。だからね、前もって入念にこう、打ち合わせするわけですよ。「姐さん、これスピーチ頼みますよ」って、原稿を何度か書き直したかもわかんないし、前の日にも相当練習してたと思うんですよね。「山より高く、海より深い」ってね、そこでパッとこう、義村に「そのような者は」って合いの手を入れさせるっていう役回りがね、やっぱり三浦は北条にとって重要なんですよ。そういうような舞台裏があってもおかしくないんじゃないですかね。

これ、徳川家康が丸々お手本にしてますね。関ケ原の戦いを前にした小山評定で、「妻子を大阪城に残している以上。三成のほうについても構わん。止めはせん」。そこで福島正則が「そのような者はここにはおりません」って、まったく同じパターンなんですよ。

天皇の後継選びにまで手を突っ込んだ義村

始まった合戦じたいは、院宣さえ出しゃあ、鎌倉の武士も畏れ入ってみんな義時に背くだろうと楽観視していた後鳥羽上皇の見立てとは正反対になり、朝廷軍は大敗。

政子に「逆臣」呼ばわりされていた三浦胤義は、敗れて京都の東寺に立てこもりましてね。その時に一度、義村に再会したという記録があるんですけど、義村は「あほと掛け合っても無駄だ」とさっさと立ち去ってます。胤義は自害して、鎌倉に残した子どもたちも処刑されたんですよね。

１２２１年６月、上皇軍を破った鎌倉軍は、京都を占領します。と同時に、義時から宮中守護を命じられたのが義村でしてね。さらに息子の泰村が、京都の武力を仕切るポジションである御厩の実務担当を受け持ちます。仲恭天皇の退位と後鳥羽・順徳・土御門の３上皇の島流しと同時に、後堀河天皇が即位してその父・守貞親王が院政をやるっていう新体制ができあがったんですけど、このように朝廷や寺院・神社勢力をシメる戦後処理みたいなのを、朝廷と交渉しながらその中心になって推し進めたのが義村だったんですね。いくら戦に勝ったとはいえ、何と、天皇の後継を誰にするかってとこにまで手を突っ込んでたんですよ。武士が朝廷にとってただのＳＰだった頃とはほんとに時代が変わっちゃったんですよね。

この頃の京都での活躍ぶり・暗躍ぶりを、有名な歌人で政治家でもあった藤原定家は、自分の日記『明月記』で「八難六奇の謀略、不可思議の者か」とその卓抜したアイデアと謀略の巧みさを、古代中国の前漢・劉邦の名参謀・張良や陳平と肩を並べるんじゃないか、くらいに持ち上げてます。義村を、「承久の乱後の朝廷と幕府、そして両者の関係は義村の手で再建、再構築されたと言っても、けっして過言ではない」って最大級の評価をする人もいるくらいでしてね、ええ。

評定衆を設け、御成敗式目にサインもした

その承久の乱の3年後、1224年の義時の病死直後に起こったのが、義時の後妻・伊賀の方とその兄の伊賀光宗が起こした伊賀の変です。伊賀の方が、泰時ではなく自分と義時との間の子、政村を執権にしようと画策したんですけど、義村はその政村の烏帽子親なんですよね。義村が泰時ではなく政村のほうをバックアップしてても別におかしくないわけですよ。

政子はすぐにヤバいと思ったんでしょうね。義時の弔事のために京都から戻ったばかりの泰時を、すぐさま執権の座に就かせるんですよ。そして「伊賀の方と密談した」

という噂が流れた義村の邸宅を直接訪ねて、「あたしはね、あんたたちとは争いたくないのよ」と、義村が政村じゃなくて泰時のバックにつくという確約をもらうんですね。その後、義村は新執権の泰時のところにも出向いて釈明したので、大事にはならなかったんですよ。伊賀の方と光宗は流刑にされましたけど、政村はたいした罪には問われなかったんですね。その後、七代目の執権になってます。

伊賀氏の事件の後は大江広元、政子と幕府の創設メンバーが続々と逝く一方で、義村はずっと長生きしてますね。泰時の下で評定衆——これ教科書に出てますよね——を設けて合議制の体制を作り、宿老として御成敗式目にもサインして、その7年後に推定72歳で死去。すごい人生だなあ。

三浦一族は、義村の子・泰村の代に起きた宝治合戦でやっとというか、滅亡しますね。泰時の孫で五代目執権の時頼の在任中ですよ。義村本人も長生きしましたね。ひとりの人が生きた人生としては、激動の時代を抜けて、頂点にこそたどりつけなかったけど、なんか御家人たちの中じゃ、すごく満足のいく人生を送ったほうじゃないでしょうかね。

北条義時

頼朝から英才教育を受け、頂点に立った二代目執権

『ゴッドファーザー』のマイケルに似ている

さあ、義時ですよ、北条義時。『鎌倉殿』の主役ですね。二代目執権で、御家人サバイバルの最後の勝者ですよ。勝者なんですけど、なんかこの人、あんまり面白いエピソードがないんですよねえ。いっしょにいたり飲んだりしてて、楽しい人ってわけじゃなかったんじゃないですかね。すごい無口な陰キャラだったりしてね。小栗旬さん、どうやって演じるんでしょうかね。

北条時政の次男として生まれましてね、姉が政子ですよ。時代が変わらなければ、長男・宗時の影に隠れたおとなしい次男坊で終わってた人なんですよね、たぶんね。

『草燃える』の義時は、映画『ゴッドファーザー』シリーズの、ニューヨークの強大なマフィアのドン、ビトー・コルレオーネの三男、マイケルとちょっと似てますよね。いかにもマフィアらしい凶暴な長男のソニーと、おとなしいインテリでカタギになろうとしてた末っ子のマイケル。ちょっとオツムの弱い次男のフレドーはおいといて、跡継ぎと見られていたソニーがマフィアどうしの抗争の中で、血の気が多いのがアダになって早々と殺された一方で、ひ弱でマフィアなんて向いてないと思われてたマイケルが、抗争の中で次第に成長していって、頭の切れる冷徹なドンとして君臨するようになっていくんですよね。

義時もそんな感じで、賢くておとなしく、お姉ちゃんの後をくっついてた末っ子が、兄ちゃんの宗時が石橋山で討死にしてからは、成長するにつれて逆にそのお姉ちゃんを表看板に利用して、権力闘争を勝ち抜いていくんですよね。

浮気が発覚、総スカン食った頼朝から離れなかった義時

政子が頼朝と結婚したのが義時が15～16歳の時。その数年後の1180年8月の石

橋山の戦いで惨敗して兄・宗時が戦死しましてね、その後頼朝らとともに安房に逃れてから、9月に時政は頼朝の「甲斐源氏を味方に引き入れろ」っていう密命を帯びて、甲斐の武田信義とその子の忠頼に直談判しに行くんですけど、その時に義時をいっしょに連れていきます。で、同月に挙兵した武田・一条が、合流した時政・義時といっしょに駿河国を攻めて奪うんですね。これが、頼朝が最初に平家軍に打ち勝つ富士川の戦いの勝ち、というか水鳥の羽音にビビって逃げた平家軍への不戦勝につながっていくんですよ。

この連携を成功させた時政・義時親子は恩賞をもらってますが、翌1181年に義時は頼朝の寝所の警護役11人の中に入りました。この頃は17~18歳でしょうかね。で、そのまた翌年、1182年にぼっ発した、頼朝と政子との痴話バトルは前にお話ししましたよね？　頼朝の浮気に気付いて激怒した政子が、牧の方の兄の牧宗親に命じて愛人宅をぶっ壊させて、頼朝がその仕返しに宗親の髻を切り落としたために、時政が怒って一時、一族まとめて鎌倉から伊豆に引っ込んじゃったんですね。

実はこの時、義時だけは時政や政子の言う事を聞かず、頼朝のもとに残ったんですよ。主君に筋を通したんですね。頼朝は梶原景時の息子の景季に、義時がどうしたかをわざわざ調べさせるんですけど、鎌倉に残ったと知った頼朝は、わざわざベタ褒めしてるんですよ。

っていうか、立場的に頼朝は正直には言いにくかったんでしょうけど、心の中で感謝したんじゃないですかね、「ありがとう！」って、義時に。オレ、女はやめられないんだよなあ、わかってくれる奴はなかなかいないよなあ、みたいな。浮気がかみさんにバレて、みっともない姿をさらして後見人怒らせて、孤立して落ち込んでるところに一人だけ、血縁に逆らってでもオレの気持ちを理解し、味方してくれる若いのがいた――。

義時も頼朝に恩を売るんだから、したたかな男ですよ。ただ、この件では本人が思ったよりデカいポイントを稼いだんじゃないですかね。頼朝がほんとの後継者として弟の義経や範頼ではなく義時を選んだ、と前のほうで言いました。もちろん筋を通す思慮深い男っていう、義時の政治家向きの人格があったのかもしれませんけど、後々、義時があちこち手を出してドン・ファン化しちゃったのを考えるとですね、「手エ出すの、わかりますわー」「おぬしも好きよのう」的なキズナが、この時35～36歳の頼朝と20歳そこそこの義時との間に、固く結ばれたのかもしれませんね。義時が御家人バトルを勝ち抜く原点が頼朝の浮気癖だった、とかだったら、なんかいい感じじゃないですか。え、よくない？

若いうちから「頼朝が一番信頼する側近」に

源平の戦いの中での義時は範頼軍の下で働いて、筑前国の葦屋浦の戦いで活躍していますが、日本史上に義時が本格デビューするのは、頼朝が死んでからでしてね。まだもうちょい先なんですよ。ただ、頼朝は大事な儀式・行事にはだいたい義時を側近として連れていってますね。

儀式やら何やらって、政治そのものなんじゃないですかね。序列とか挨拶の順番とか、あいつは出席したとか遅刻したとか欠席したとか、ね。めんどくさいというか、アホくさいかもしれないですけどね。だから頼朝は自分でも相当勉強してきながら、「こいつはモノになる」と目をかけて、いっしょに連れていって現場で英才教育をしようと思ったんじゃないですかね、ええ。

一方で、下につく人たちは、上の人が誰に声をかけて、誰にかけなかったか、とかにめちゃくちゃ敏感ですから、義時に対しては「あー、あいつ特別扱いされてるな」

「あいつは何か違うよな」っていう、嫉妬とか羨望とかが入り混じった空気が、御家人たちの間でも早いうちからあったんじゃないでしょうかね。

頼朝は1190年11月に初めて上洛して、後白河法皇らに面会するわけですけど、28歳の義時はこれにもいっしょに行ってますね。しかも、この頃には若手じゃなくて幕府の他のおっさん御家人と同列扱いになってくるんですね。時政はまだこの頃は元気ですから、その後釜って感じでもなくて、頼朝が一番信頼する側近、みたいな扱いになってきてるんですよ。

義時は30歳になって、比企一族の比企藤内朝宗《とうないともむね》の娘——すっごい美人だったそうです——を正室に迎えるんですが、それも頼朝が義時が朝宗の娘にホレてるのを見抜いて、頼朝のほうから朝宗の娘に「あいつに『別れませんから』って一筆書かせてからいっしょになれ」とアドバイスして、くっつけてあげてるんですよね。小姑になるコワいお姉さんのことをどう話したのかまでは、ちょっとわかりませんけどね。ちなみに、三代執権・北条泰時はこの正室との子ではなくて、愛人の子です。

36歳の若造が、じいさん御家人たちと肩を並べる

１１９９年に頼朝が突如、53歳で死んだことで、それまでくすぶっていた頼朝の側近と有力御家人たちとのいがみ合いのような対立や矛盾なんかが、重しが取れたみたいにドバッと表に出てくるんですよ。御家人たちのサバイバルのトーナメントの始まりでしてね。ただ、北条氏はやっぱり大江広元や三善康信、梶原景時みたいな頼朝のチョクの側近とも近いし、その一方で有力御家人の一員でもあるわけで、ちょっと独特のポジションですよね。

しかも、頼家将軍の下の13人のメンバーに、義時という36歳の若造が、保元・平治の頃から源氏に仕えてる他のじいさん御家人と肩を並べたんですからね。しかも、北条家から時政といっしょに親子２人ですよ。こんなの北条家だけですからね。将軍家の縁戚っていうだけでは、さすがにそこまではいけませんよ。やっぱり頼朝が見込んだだけの政治の能力があったんでしょう。そういえば、今は立憲民主党の小沢一郎さんって、40代で自民党の幹事長にまで上り詰めるまでに、田中角栄さんに政治をがっつり仕込まれたそうですね。義時もそんな感じで英才教育を受けたんでしょうかね。

66人もの御家人が署名した景時の弾劾状ですけど、和田義盛と三浦義村が先頭に立つ一方、時政と義時はなんか蚊帳の外でしてね、署名もしてなかったんじゃないかって話なんですよね。ただ、腹の中ではやっぱり「景時消えろー」と思っていたのは間違いないし、そのために表立って対立する形を取らずに、見えないところで景時を追っ払うために、何かしらやっていたのかもしれませんね。結果としてトップを目指す北条氏の手ごわいライバルが一人消えていったわけで、時政と義時としては万々歳だったんでしょうね。

父子で連携して、伊豆の御家人・仁田忠常を葬る

三浦義村のところでも話しましたけど、景時が死んだ頃から三浦義澄、安達盛長らの長老たちが続々と世を去っていきましてね、北条家の目下の最大のライバルは、二代目将軍・頼家のかみさんの若狭局の実家であり、流人時代から頼朝の面倒を見てきた比企一族なわけですよ。まあ、義時のかみさんも比企出身ですけどね。

まず、頼家の権限を取り上げて13人の合議制を敷いたのも、特に記録には残ってな

いけど、比企の力を削ぐために、「あのガキ、このままほっといたらヤベーだろ」とか、時政が他のメンバーに根回しか何かをやってたんじゃないですかね。景時の時と違って、そりゃもう表立ってロコツに比企の力を削ぎにかかってますね、北条親子は。しかも今回は、あちこちで義時の仕事ぶりが目立っているんですね。

何度かお話ししてきたように、比企能員は頼家が瀕死の状態にある中で、時政におびき出されて殺されるんですけど、ここにきて義時がようやく表に出て活躍を始めましたね。手勢を引き連れて真っ先に比企の館に攻め入ってるし、いったんは小御所から逃れた若狭局と一幡を殺したのも、その後修禅寺で頼家を暗殺したのも、義時の手下ってことになってますね。

この時に時政に協力して能員を殺した仁田忠常は、挙兵以来ずっと配下にいて、頼朝から信頼されていた伊豆の御家人なんですけど、この後病気から回復した頼家から逆に時政追討の密命をもらうんですね。ずっと意識のなかった頼家は、誰が能員を殺したかはまだ知らなかったんでしょうね。

もっとも、忠常はこれを受けたせいで一族滅亡に向かうことになります。能員暗殺の3日後、忠常は鎌倉・名越の時政邸に呼ばれるんですね。ごほうびをもらうためですけど、屋内に入ったまま夜になっても出てこないので、付き人が怪しんで、馬を引いて自宅に戻って忠常の弟の忠正、忠時の2人にそれを報告したんですよ。2人ともてっきり、頼家の密命が漏れて忠常の身に何かあったんだとカン違いして、北条への報復のために、手勢を引き連れて義時の自宅を襲撃するんですよ。

ところが、義時はなぜかそこではなく政子のいる大御所にいましてね。忠正、忠時はそっちにも手を出すんですが、義時は御所に詰めていた御家人たちを指揮して防戦し撃退、忠正を討ち取ります。忠時はもうこれまで、と大御所の一部に火をつけて自害するんですよ。

忠常は何も知らずに名越邸にい続けたんでしょうね。そこから自宅に戻る途中で御所の火災に気付いて、恐らく誰かに事の次第を聞いたのかもしれませんけど、大御所に駆けつけるんですね。ただその途中で、義時の命を受けた御家人の加藤景廉に殺されるんですよ。

運の悪い行き違いにも見えますけど、これ、時政と義時の連携プレーじゃないですかね。頼家が密命を出したことは和田義盛からの密告でもう知っていて、時政が「よくやってくれたね。まあまあ、ゆっくりしてってってよ」って忠常に飲ませ食わせで強引に引き留めて、仁田の兄弟たちを「もしや、漏れたのか？？」と疑心暗鬼に陥らせ、誘い出す。

その場合、自宅にいたら危ないだろうと、義時は普段から御家人たちの警備がついてる大御所に移っておいて、仁田勢がこっちに向かってきたら自分が指揮を執る、という筋書きですよ。そうだとしたら、こうしてライバル御家人をまた一つ、丸々つぶせたわけで、まあすごいですよね、北条親子って。

重忠の乱後、おおっぴらに時政にタテついた義時

実朝が三代将軍となった1203年に時政は66歳と当時としてはけっこう高齢ですけど、義時は41歳と脂の乗り切ったトシですよね。義時や三浦義村らの世代が幕府の政治の中心にのし上がってくるんですよね。そこで今度は、存在感が急に大きくなってきた義時（政子）と時政（牧の方）との間に亀裂が生まれるんですね。前妻を亡くした上原謙さんの38歳年下の後妻、大林雅美さんと、上原さんの息子の加山雄三さん

とがとげとげしい関係だったのと似たようなものですね。

すでにお話したように、時政と牧の方は１２０５年に畠山重忠の乱をでっちあげましたが、義時は重忠謀反説をずっと疑ってましたし、実際に対決した重忠軍は反乱だなんてありえない少人数だったし。だから謀反ではないと判明した途端、時政の意を受けて重忠をハメたとされる御家人が義時に殺されるんですね。義時がおおっぴらに時政にタテついたわけですよ。もともと牧の方と政子とは折り合いが悪いままずっと来ていて、それが時政・義時を巻き込んで表に出てきたんですね。

時政は、「オレはまだまだやれる」って思っちゃったんでしょうかね。そこへきて牧の方が、実の息子の正範が急死したことで、悲しむと同時にヤバいと思ったんでしょう。牧の方からすれば、政範が死んで時政の前妻の子ばかりがのしてきて、あたしの居場所がなくなっちゃう。それじゃあっていうんで、娘婿でしかも清和源氏の血を引く平賀朝雅を立てて、「実朝を殺して朝雅を将軍に」して、あたしは政子にとって代わる、みたいな。

もっとも、実朝暗殺がどこまでリアルな話だったのかはちょっとわかんないですけどね。もしかしたら義時が針小棒大とかでっちあげとかで、オヤジ夫婦をはめたのかもしれません。いずれにせよ、時政・牧の方夫婦は歴史の表舞台から消え、平賀朝雅は京都で義時の手下に殺されます。義時は実朝・政子を表看板に立てながら、実質的に幕府の最高責任者のポジションをゲットするんですよね。

守護の〝世襲制〟をなくすために義時がやったこと

実朝将軍と執権・義時の時代はけっこう長くて、実朝が暗殺される1219年正月まで14年ほど続くんですけど、その間の御家人への対応は激辛だったり、逆に温情があったりとケース・バイ・ケースだったんですね。ある御家人の謀反が発覚した事件では、当事者が否定のうえ頭を丸めて謝罪しても絶対許さずに面会を拒否するかと思うと、逆に実朝の逆鱗に触れた側用人を、実朝に取りなして怒りを解いてあげたりと、冷酷非情なだけの人ではなかったんですね。

ただ、有力な御家人たちに対しては、やっぱりプレッシャーをかけ続けたんですよね。大きかったのが、守護の交代制導入ですよ。

守護・地頭の守護って、各国に一人ずつ配置される御家人の監督や軍事・警察の担当でしたよね？　大番催促（京都警備）、謀反人の逮捕、殺人犯の逮捕の「大犯三箇条」って、なんか学校の授業が懐かしくなりません？　１１８５年に義経をつかまえるため、という口実でできたポジションですけど、その後20年も経ってみると、多くはその土地の土着の豪族や御家人が世襲でやってたんですよ。

武士のパワーの源って、土地とそこから得られる兵力やら農作物やらのいろんな恩恵ですよね。そのために命がけで戦ってブン捕るわけですからね。義時はそこにメスを入れようとします。「お前ら同じ場所に長くい過ぎてたるんでる」とか何とか理由をつけて、世襲をやめて定期的な交代制にしようとしたんですよ。

今でいえば、国会議員の選挙区の世襲禁止ですかね。古くからの後援者とか業者とか、いわゆる地盤・カンバンというかいろんなオイシイ利権を息子・娘や孫がそのまま引き継げなくなって、議員ファミリーが弱体化しちゃう。今のボクら一般市民なら、そうしてもらったほうがよさそうですけど、本気でそれをやろうなんて言い始めたら、二世、三世議員ばっかりのどの政党も大反対するでしょうね。つまりは、有力御家人の弱体化なんですね、義時の狙いは。

義時、正真正銘の幕府ナンバーワンに

案の定、三浦義村、小山朝政なんかが大反対しましてね、「先代、先々代がいかにして頼朝公からこの職を任されたか」みたいな古い由来を延々語りだすわけですよ、みんな。結局、義時が折れた格好で一件落着するんですけど、にもかかわらず義時の独裁政治はだんだんロコツになってきましてね、この頃から執権って呼ばれるようになったんですけど、後まで続く執権政治の土台が、このあたりからできあがっていくんですね。

そうして当然行きつくのが、すでにその頃は御家人の最長老であり、実朝の信頼も厚かった侍所別当・和田義盛との衝突ですよ。すでにお話ししたように、短気な武闘派だった義盛をさんざん挑発して怒らせて、ひどい話ですけど謀反のレッテルを張るんですよ。1213年に鎌倉で和田義盛の乱がぼっ発、勝負は2日で決まりまして、義盛は死んで和田一族は滅びるんですよ。旧和田領の多くは義時の弟の時房や息子の泰時に与えられて、その後の北条氏独裁のベースになるんですよね。

義時はというと、義盛に代わって侍所別当の座をゲット、政所別当も兼任して正真正銘の幕府ナンバーワンとなるんですよ。もちろん、将軍実朝の下にいる御家人っていう名目のままですけどね。

清盛が望み、頼朝が実現した武士の世を受け継ぐ

和田の乱の6年後、1219年正月に起こったのが、三代将軍・実朝の暗殺っていう大事件でした。あの公暁が隠れていたっていうぶっとい大イチョウの木、樹齢1000年以上だったのに、2010年3月10日、東日本大震災の1年と1日前に春の嵐で折れちゃって、切株だけになっちゃったんですよね。

三浦義村黒幕説とか、義時がその暗殺計画そのものを知ってた、みたいな話もしましたし、それとは別に幕府転覆を狙った後鳥羽上皇黒幕説もあります。いずれにせよ源氏の正統の血筋が絶えたわけでしてね。実朝には子どもがいなかったから、義時も他の幕府の有力者も頭を抱えるんですよ。

源氏の血筋ってあっちこっちにいますから、「我こそは将軍ナリ」とか勝手に名乗り

出る者も何人かいましてね。たとえば、頼朝の異母弟で義経の兄だった阿野全成の子・時元が、実朝が死んで1カ月後に駿河国で軍勢を集めてたんですが、これは10日で鎮圧され時元は自害。翌年には頼家の暗殺後に出家させられた頼家の四男、禅暁が京都で殺されてるんですね。当時の義時は、こういうモグラ叩きみたいなこともしなきゃならなかったんですよ。

そこで政子が直接京都の朝廷まで出向いて、後継の将軍として後鳥羽上皇の皇子の19歳だった頼仁親王を、という要望を内々に伝えるんですけど、上皇はNO。逆に自分の愛人の領地について「地頭を廃止しろ」とか何とか絡んでくるんですよ。おーそうかい、と時房が鎌倉から1000騎引き連れてオラオラ言わせながら交渉したけど、やっぱりダメでしてね。仕方なく三浦義村のアイデアで、血縁としては遠いですけど、頼朝の遠縁でまだ3歳だった摂関家・藤原頼経を迎え入れて、まあ曲がりなりにも四代将軍は決まったんですね。

源氏とか将軍家の血筋を、義時はどう思っていたんでしょうね。一つ言えるのは、頼朝が義時に教えたのは、血筋云々より武士の世を治める幕府の骨組みだったとボクは考えています。清盛が望んでできなかった武士の世を実現した頼朝は、それを義時に継いで欲しいと思っていたんじゃないか。清盛、頼朝、義時。この流れですよ。義時は、特に頼朝が急死してからは将軍は借り物と割り切り、この後にお話しする承久の乱を通じて、その武士の世の総仕上げをしたわけですね。これが義時の一番の功績じゃないですかね。

「御家人たちは、義時を裏切って朝廷になびくだろう」

四代将軍・藤原頼経が鎌倉に入った1219年6月から1カ月ほど経って、事件が起こるんですよ。後鳥羽上皇が大内守護の源頼茂を誅殺するんですけど、理由がちょっとよくわからない。どうも情報漏れを防ぐ口封じらしかったんですね。何のかっていうと、倒幕の計画ですよ、上皇の。

実朝暗殺から1年経った頃から、上皇と順徳天皇は少人数でひそかに討幕の相談を始めていたんですね。上皇は自分の側近で武芸にすぐれた尊長という僧侶を出羽羽黒山に遣わしたり、上皇の皇子を天台座主にして高野山の僧兵を手下に、さらに上皇自身が3度も熊野に行って熊野三山の信徒を引き込む等々、寺院や神社勢力を徐々に結集させていましてですね、もう完全に幕府側とやり合う気満々なんですよね。

で、上皇は三浦義村の実の弟の胤義が京都にいることをつかんで声をかけて、北条を討つことを持ちかけたわけですよ。まあ、「武家の世が来た」って事をボクらは子どもの頃から歴史で習うし承久の乱の結果も知ってるから、胤義アホかと思うかもしれないですけどね、幕府の設立は、今はイイクニの1192年じゃなくて1185年が普通だから、それから三十数年経ったとはいえ、武家政権とは何ぞやってことを誰もがちゃんとわかってたとは限らないし、武士や一般市民の皇室に対する畏れはそれこそ今とは全然違いますからね。やっぱり武士よりも将軍よりも、天朝様が一番エライと思ってたんじゃないですかね。

そんな時代の坂東武者に、いきなり上皇様からのお声がけですからね、ひとたまりもなかったと思いますよ。幕府に不満があった胤義は一も二もなくOKして、「鎌倉の御家人は反北条で盛り上がってますよ」と進言し、兄の義村に寝返りを勧める書状まで送るんですよね。

上皇はまた、2人の京都守護にも声をかけます。1人は大江広元の息子の親広。彼もまた、あっさりと上皇方についちゃったんですよ。『真田丸』の犬伏の別れみたいに、血筋を絶やさないために敵味方に分かれてどっちかが生き残る、というやり方だったのかはわかりませんけどね。もう一人の京都守護、伊賀光季《みつすえ》の返事はノーでした。何たって、義時の2番目の正室・伊賀の方の兄弟で、母親も13人メンバーの二階堂行政の娘ですからね。

義時は、幕府が張り巡らせた京都ネットワークを通じて、こうした動きをどの時点でどの程度キャッチしていたかはわかりませんけど、義時もやっぱり怖かったんじゃないでしょうかね。ほっといたら間違いなく戦ですよ。かといって、天皇にタテ突くんですから、当時の武士に限らず日本人の感覚からすれば、まず考えられない行為なわけですよ。

上皇側もそこを考えて胤義や親広を引っぱり込んだので、こりゃ一声かけりゃ大丈夫、ただでさえ義時のやり方にみんなイラッときてるんだから、御家人たちの多くは義時を裏切って朝廷になびくだろう、と見立てたんじゃないですかね。これ、結果はともかく見立てじたいはそんなに外れてなかったんじゃないかと思いますよ。

というわけで、後鳥羽上皇は誘いに応じなかった伊賀光季を殺して、上皇の動きを内緒でちょくちょく鎌倉に流していた西園寺公経親子をつかまえた後、自信満々で全国に「義時追討」の宣旨・院宣を発するんですね。

御家人の「寝返り候補」リストをいち早く入手する

この院宣なんですけどね、三浦胤義のアイデアで、有力な御家人たちには一人一人に宛てて出したんですね。「お前、義時キライだろ」「こっちの水は甘いぞー」「ご褒美はずむよー」みたいな内容だったんでしょうね。もしその気になれば、義時や他の御家人に知られずに返事を出して、裏切ることができるわけですよ。藤原秀康の手下の押松って人が、そのお使い役として鎌倉に潜入するんですね。

ところが、西園寺親子がつかまる前に鎌倉に向けて出した「非常事態」の一報が義時のところに飛び込んできましてね、しかもその同じ日に鎌倉入りした押松が、あっさり鎌倉側につかまっちゃうんですよ。押松が持っていた宣旨と、その届け先の御家人リストも、当の御家人たちが目にする前に押収されたんですね。義時が一番気にしてたのは、自分が知らないうちに御家人が続々と朝廷側に寝返って、総崩れになっちゃうことですから、このリストをいち早く手に入れられたというのは運がいいというか何というか。

そこで大きかったのは、やっぱり三浦義村の働きでしたね。寝返りを勧める弟・胤義の書状もすぐさま義時に渡して、幕府への忠誠をいち早く誓ったんですよ。おかげで押松を早いうちにパクれてリストも押収でき、さらにあの政子の大演説にまでつながるわけでしてね。いやもう、義時は義村に足を向けて寝られなかったでしょうねえ。

「上皇の周りにいるクズどもの悪行を、罰してやらんとな」

泰時・時房大将のもと、幕府の幹部が集まった軍議で、朝廷軍が来るのを待って迎え撃とうっていう慎重派の意見が通りそうだったところで、大江広元と三善康信がまだ若かった大将・泰時を、「今すぐ出撃しろ。そうすれば、御家人は後からついていく」と言って焚きつけたことはお話ししましした。それで一転して出撃することに決まったはずが、号令のかかった御家人たちが続々と集結しているさなかに、またもや慎重論がぶり返してきましてね。

この時の慎重派の最たる人は、実は泰時本人だったんですね。この時あったことの記録があっちこっちに残ってますけど、泰時が「おとなしく降伏すべき」と言ってたり、いったん出発したのにまた戻ってきたって書いたのもあるくらいでしてね。「いや、上皇が直々に出陣してきたら、どうしよう……」ってね。後の名執権もビビりまくりですよ。

義時は、このままグズグズやっていてはせっかく政子の演説でまとまったはずの御家人が、また動揺しだして、朝廷側になびく奴が出てきちゃうかもしれない。そうならないうちに動き出さなきゃ、ってことで、義時は我が子を叱り飛ばすんですね。

「天皇と敵対するなどという大それたことをやるんだから、軍勢が多いか少ないかなんて関係ない。運を天に任せるしかないんだから、集まるのを待つ、なんてフツーの事をやっていたら勝てるわけがない」（『承久記』）

「こっちが頭を下げるのは、マトモな政治が行われてる時だけだ。これだけ国が乱れてる時なら、こっちは命がけで戦って死んでも悔いはないぞ。そういう時に周の武王や漢の高祖は、自分で天下を取って別の君主を立てただろう。天照大神も、正八幡宮も文句を言わずに許してくれるわ。上皇の周りにいるクズどもの悪行を罰してやらんとな」（『明恵上人伝記』）

どれも義時がビビりながらも、もうハラを括ってる感じですよね。「悪いのはあっちのほうだ」ってハッキリ言ってるわけですからね。

裏切ったら、お前らの家族がどうなるか……

で、幕府から釈放されて京都に送り返された押松が、上皇や秀康、胤義に、彼らの楽観的な予想とは正反対の状況を知らせるんですよ。

「幕府軍19万余が東海・東山・北陸の三道を通って西に向かっております……」（押松）

で、義時が押松に託した朝廷への伝言っていうのが、ドスが効いてましてね、

「19万以上の軍をそっちに送るから、その戦いぶりをご覧あれ。これでも足りなきゃ、重時や政村を先鋒に、私自身も20万の軍勢を率いて上洛しますよ」

京都側にしてみれば、こっちに寝返るはずだった御家人たちのそうそうたる面々が並んでるわけでしてね。北条泰時・義時の異母弟・時房に泰時の子・時氏、三浦義村、千葉胤綱が主力の10万騎以上の東海道軍、武田信光、小笠原長清、小山朝長、結城朝光の5万騎が東山道から、北条朝時、結城朝広、佐々木信実が率いる4万騎の北陸道軍ですよ。

義時って、こういうところでもめちゃくちゃ用意周到でしてね。御家人たちの父親と息子、兄と弟をいっしょに行動させずに、京都行き組と残留組に分けてるんですよ。つまり戦の途中で裏切り行為があったら、こっちに残ってるお前らの家族がどうなるかわかってんだろうなってわけですよ。損得や義理人情とは違うところで寝返りを警戒しなきゃならなかったわけですけど、やっぱり慎重で臆病じゃないと務まんないんですよね、リーダーって。

幕府軍が勝ち進む中、義時が落雷に震え上がったワケ

まさかまさかの大軍勢に、京都軍は急に逃げ腰になるんですね。木曽川を防衛線にするんですけど、6月5日、6日でまあほとんど戦わずして京都軍は敗れます。次の防衛線である同じ木曽川水系の杭瀬川もあっさり破られましてね。最後は豪雨の下での宇治川が頼みの綱でしたが、14日の大激戦の末に、幕府軍は川を渡って京都軍を踏みつぶすんですね。

「〇〇で勝利」「△△を突破」という報告が、鎌倉の義時のところにもぼちぼち上がり始めた8日、鎌倉の義時の自宅の釜殿――風呂場ですね――に落雷があって、下働き

の男が一人死んだんですよ。ビビった義時は大江広元に「勝った天罰かな」「幕府オワリの前兆なんかな」と弱気になって相談するんですね。でも、広元は「そりゃむしろ吉兆ですよ。頼朝公が奥州を攻めた時、自軍の陣地に落雷がありましたけど、幕府が勝ったじゃないですか」と応じて、わざわざ陰陽師に占わせたら本当に「吉」だった、というエピソードが残ってましてね。戦が優勢だと聞いていても、義時はやっぱり本当は怖かったんでしょうね。

幕府軍、京都を破壊し尽くす

泰時・時房の主力軍が京都に乱入したのが15日ですから、戦ったのは都合10日間ですかね。京都はもう大混乱ですよ。「下剋上」ってここから300年くらい後に出てきた言葉ですけどね、何せSPが雇い主に勝つなんてありえない事が起きたから、京都では身分が上は天皇・上皇から下は庶民まで動揺しましてね。先に逃げ出した人たちもいたんですが、幕府軍は京都の町を破壊し尽くしたそうです。保元・平治の乱や平家没落の時でもここまでの混乱はなかったっていう記録があるくらいでしてね。軍の統制が怪しくなるほどやりたい放題だったんですよ。京都軍についた武士の自宅はすべて焼き払われて、寺や神社にも厳重に捜索の手を伸ばしたんですね。
でも、幕府軍の兵隊たちだって、最初は天朝様とコトを構える恐ろしさと戦ってたし、最後は必ず負けるんじゃないかとか、バチが当たるんじゃないかとか。でも、そんな相手に本当に勝っちゃったんですよ。これまで武士たちは貧しくて身分も低いことでずっと抑圧されてきたのに、ランクが上の人たちに勝っちゃったわけですから、もう、超ハイになったというか何というか、わけわかんなくなってたんじゃないですかね。

泰時からの飛脚で「勝った」の知らせを鎌倉で受け取った義時だって、「今ハ義時、思フ事ナシ。義時ハ、果報ハ王ノ果報ニハ猶勝りマイラセタリケレ」(『承久記』)。もう思い残す事はない、勝ったって事は、オレの前世はやっぱり上皇より格上だったたって事だー！　って。天朝様に逆らう怖さとプレッシャーからいきなり解放されて、もう言葉にもならなかったんでしょう。

「オレがやりたかったわけじゃない。部下がやった」

後鳥羽上皇は、戦の最中にも土御門上皇や順徳上皇といっしょに比叡山に隠れたり、また京都に戻ったりしてましてね。秀康や胤義たちが「最後にもうひと勝負」って御所に集まったんですけど、上皇は門を固く閉ざしたまま開けないんですよ。で、彼らに伝えたのは、「武士どもは、どこでもいいからここから落ちていけ」。ひどい話ですよ。2人とも激怒しましたけど、もう遅いんですよね。

しかも上皇は泰時・時房に特使を出して、「オレがやりたかったわけじゃなくて部下がやった」って言い訳して、義時追討の院宣を引っ込めて、今度は秀康や胤義の逮捕を命じる宣旨を出すわけですよ。あげくの果てに「これからは何事も幕府の意向通りにします」ですからね。ずっと頂点に立ってきたのに、肝心な時に責任を取らず、部下を切り捨てて逃げる。これじゃ、死んだ武士たちは浮かばれませんよ。見捨てられた武士たちは散り散りになって、逃げたのもいれば、自害したり捕らえられたりしたんですね。秀康はいっとき奈良に逃げますが、捕らえられて死刑。胤義は兄の義村にも冷たくされて自害してますね。

新しいシステム「新補地頭」と「六波羅探題」

義時は泰時と時房をそのまま京都に滞在させて、戦争の後処理に入りますけど、まあもう、朝廷は幕府のいうがままでしてね。三浦義村が義時から宮中守護という特命を受けて担った仕事は、宮中の警護、新天皇を誰にするか、皇室の領地の扱いの3つがまあ、一番キモになるところですよね。このへんはもうお話ししましたけど、ほぼすべて義村が片づけましたね。

仲恭天皇をやめさせて後堀河天皇を立てたのと、これはもうよく知られてますけど、後鳥羽上皇は隠岐の島、順徳上皇を佐渡に、六条宮を但馬に、冷泉宮を備前に流しましてね。土御門上皇はカヤの外だったけど、本人の希望で土佐に。その後、阿波に移ってますね。その他の首謀者と見られた面々は、だいたい鎌倉に護送される途中で殺されましたが、それ以外に対してはわりかし寛大だったといわれています。大江広元の息子の親広もあまり追及されずにすみました。三浦義村に見捨てられた弟の胤義と違って、広元は息子を助けようとした、という違いもあったんでしょうね。

ただ、朝廷側についた御家人は、武士の道に背いた最も恥ずべき行いってことで、軒並み斬り殺されましてね、その所領3000余箇所は没収されて、手柄のあった御家人に新たな地頭として分け与えられてます。これが新補地頭ですね。思い出しますねえ、学校の授業を。

朝廷や公家の動きを監視するために新しく設けた六波羅探題は、西国の行政や裁判が主な仕事ですけど、ここは執権の次に大事なポジションでしてね、その後も北条一門から選ばれています。いかにも試験に出そうなこの新補地頭と六波羅探題の2つが、日本の歴史で初めて、朝廷より力を持つことになった鎌倉幕府が、国と朝廷を改めてシメ直すための新しいシステムだったんですね。これが江戸時代の京都所司代につながっていくと思っています。

長寿で、理想の家臣みたいな人

承久の乱の3年後、1224年に義時は62歳であの世に行くんですけど、死ぬまでかなり元気だったらしくて、毒殺説とか、すぐ後に伊賀の変を起こした後妻の伊賀の方に殺されたとか、近侍に刺殺されたとか、あとやっぱり、死ぬ前に義時の邸宅にいろいろ怪奇現象が起きて、それが死ぬ前触れだったんじゃ？　みたいな言い伝えもありましてね。義時に恨みつらみのある死者はそりゃもう、頼家や実朝や父の時政をはじめ、数限りなくいるわけでしてね。ただ後鳥羽上皇が死ぬのは、まだ15年先なんですけどね。

義時は『古事記』『日本書紀』に出てくる武内宿彌《たけしうちのすくね》っていう人物の生まれ変わりっていう伝説が、死後30年経って出た書物に書かれてましてね。武内宿彌はすごい長寿で、何人もの主君に仕えた理想の家臣みたいな人で、その後偉大な女性といっしょに遠い西の土地に行って、そこで生まれた新しく幼い主君を支えつつ戦乱を平らげる、というね、政子といっしょになって東で幕府を立てて、西におもむいて朝廷の政治を正した、という義時の生涯のストーリーとかなりカブりますよね。義時は近い時代の人には、恐らくそのようなプラス評価をつけられてたんでしょうね。

そりゃキタナイ事もやって人をハメたし、いい人を殺したりもしてますから、後であれこれ言われてますよ。でもやっぱり、武士階級の人たちをランクアップさせて生活を安定させようという頼朝の遺志をそのまんま愚直にやり遂げようとして、それを妨げようとする朝廷とかその取り巻きに一撃を加えたってことは、その頃の人の多くがプラスだと思ってたなら、そっちの評価のほうが正しいんじゃないですかね、ええ。

ボクはそう思うんですよ。時代を追うごとに成長していったそんな義時を、小栗旬さんがどう演じるのか。本当に楽しみですね。

結論

サバイバルには、慎重で臆病なことが必要不可欠らしい

あとがき

小学生の時、歴史好きの祖父につられて見るようになった大河ドラマですが、三谷幸喜さんとお話しした時、三谷さんが「大河ドラマには子どもの心をつかむ何かがある」っておっしゃってました。

確かに、ボクも小学生の頃に大河ドラマを一年間見続けて、まず衝撃を受けたことが一つありましてね。毎回毎回、レギュラー級の俳優さんは、ずっとおんなじような雰囲気で演じてるはずなのに、回が進むにつれてすこーしずつシワを増やしていって、わからないよーうにだんだん年を取っていくんですよ。

最終回が放映された後、年末に放映する総集編を見ると、「そういえば、最初はこれくらい若かったんだよなー」っていうのがわかるんですよ。そのメイクの技術がね、子ども心にまずすごいと思いましたよ。まだCGのない頃でしたけど、ここまでできるのか！　スピルバーグかよ！　って。

今はすっごく便利になって、昔の大河ドラマ総集編をＤＶＤやＮＨＫオンデマンドで見ることができます。ボクも暇さえあれば、そんな子どもの頃に見たのをつい繰り返し見てしまいます。ボクが大河のセリフをよく覚えてるっていうんで、記憶力を褒められる事があります。それは同じのを何度も見ているっていうのもありますけど、ボクは気に入ったセリフがあると、自分で書いて覚えているんですよ。これがYouTubeでのトークでも非常に役立ってます。

『鎌倉殿の13人』の1月の放映開始を前に今、ボクは大河『真田丸』を見返しています。三谷さんは『真田丸』を手がけるにあたって、かつての同じＮＨＫの『真田太平記』を全部見て研究されていた事は本文中でも触れました。ボクはどちらもＤＶＤで持っていますが、『真田丸』は、池波正太郎さん原作の『真田太平記』を向こうに回して、内容的にまったく引きずられていません。本当に素晴らしいです。

三谷さんは、『真田太平記』を『真田丸』に〝変換〟する際に効かせたスパイスを、同じように『草燃える』から『鎌倉殿の13人』への〝変換〟に使うんでしょうね。いったい、『草燃える』にそのスパイスをどんな具合に効かせるんでしょうね。絶対コミカルにしてくるとは思いますが、もちろん、〝変換〟はそこだけではないはずです。

ボクはその『草燃える』が、もう好き過ぎて、好き過ぎて。40年以上前のドラマだから歴史の研究も進んでるし、創作や事実関係の間違いなんかもけっこうあるはずです。でも、ボクはそのまま丸ごと記憶しちゃっているせいで、『草燃える』がすべて歴史上の事実だと錯覚してるところがあるんですよ。だから、ボクの中の鎌倉時代は、いまだに『草燃える』の呪縛に囚われたままなんですね。

つい最近のNHKで、12年近く前に強風で倒れた鎌倉・鶴岡八幡宮の大イチョウのニュースを見ました。切株に生えた新芽が順調に育っているそうです。すでに『鎌倉殿』を意識してるんでしょうかね、NHKは。ボクにとっては、『草燃える』の呪縛から解放される一年が始まるんですよ。早く新しい義時に会いたい。石坂浩二さん、岩下志麻さん、松平健さんたちの後を継ぐ、新しい俳優さんたちの演技に出会いたい。きっと『草燃える』を忘れさせてくれるくらい面白くなるのではないでしょうか。これを見ないと死ねない！　っていうぐらい、今までで一番待ち遠しい大河ドラマです。

松村邦洋

●主な参考文献

糸賀茂男著『常陸中世武士団の史的考察』岩田書院
上杉和彦著『大江広元（人物叢書 新装版）』吉川弘文館
本郷和人著『承久の乱 日本史のターニングポイント』文春新書
坂井孝一著『承久の乱 真の「武者の世」を告げる大乱』中公新書
丹野冨雄著『てらやままんだら』かしゃぐら通信
西村裕・木村誠編著『探訪 比企一族』まつやま書房
成迫政則著『武蔵武士（続）』まつやま書房
海音寺潮五郎編『悪人列伝（二）』文春文庫
関口崇史『征夷大将軍研究の最前線』洋泉社
石井進著作集刊行会編『石井進の世界①鎌倉幕府』山川出版社
野口実著『坂東武士団と鎌倉』戎光祥出版
菱沼一憲編著『源範頼』戎光祥出版
暁太郎著『三浦義村』新人物往来社
高橋秀樹著『三浦一族の研究』吉川弘文館
安田元久著『北条義時（人物叢書 新装版）』吉川弘文館
角田文衞著『王朝の明暗－平安時代史の研究 第2冊』東京堂出版
細川重男著『頼朝の武士団－将軍・御家人たちと本拠地・鎌倉』洋泉社
福田豊彦著『千葉常胤（人物叢書 新装版）』吉川弘文館
丸井敬司著『上総下総千葉一族』新人物往来社
野口実著『坂東武士団の成立と発展』戎光祥出版
野口実著『鎌倉の豪族1』かまくら春秋社
安田元久著『鎌倉幕府－その政権を担った人々－改訂新版』新人物往来社
佐藤博信編『中世東国の政治と経済』岩田書院
平雅行編『公武権力の変容と仏教界』清文堂出版
義江彰夫編『古代中世の政治と権力』吉川弘文館
元木泰雄著『保元・平治の乱を読みなおす』日本放送出版協会
日本史史料研究会監修 細川重男編『鎌倉将軍・執権・連署列伝』吉川弘文館
出雲隆著『鎌倉武家事典』青蛙房
国史大辞典編集委員会『国史大辞典』吉川弘文館
野口実編『治承～文治の内乱と鎌倉幕府の成立』清文堂出版
梶原等著『梶原景時－知られざる鎌倉本体の武士』新人物往来社
清水亮著『中世武士 畠山重忠』吉川弘文館
田代脩著『武蔵武士と戦乱の時代』さきたま出版会
井沢元彦著『逆説の日本史5中世動乱編』小学館文庫
深谷市教育委員会『畠山重忠－武蔵武士の鑑』深谷市教育委員会
清水亮編著『畠山重忠（シリーズ・中世関東武士の研究）』戎光祥出版
関幸彦編『武蔵武士団』吉川弘文館
渡辺世祐・八代国治著『武蔵武士』有峰書店新社
池享・鈴木哲雄著『東国武士団と鎌倉幕府』吉川弘文館
瀬野精一郎著『鎮西御家人の研究』吉川弘文館
北条氏研究会編『武蔵武士の諸相』勉誠出版
上横手雅敬著『鎌倉時代－その光と影』吉川弘文館

松村邦洋
「鎌倉殿の13人」
を語る

2021年12月16日　第1刷発行
2022年 1 月26日　第2刷発行

著者　松村邦洋

発行者　長坂嘉昭

発行所　株式会社プレジデント社
〒102-8641
東京都千代田区平河町2-16-1
https://www.president.co.jp/
電話：編集(03)3237-3732
販売(03)3237-3731

イラストレーション　森田 伸

撮影　大沢尚芳

編集　桂木栄一　西川修一

装幀　仲光寛城(ナカミツデザイン)

制作　関 結香

販売　高橋 徹　川井田美景　森田 巌
末吉秀樹　神田泰宏　花坂 稔　榛村光哲

印刷・製本　凸版印刷株式会社

ISBN 978-4-8334-2440-0

Printed in Japan